JR路線大全 III

羽越
・奥羽本線

GV-E400形
五能線　驫木〜風合瀬間
写真／佐々倉 実

羽越本線の魅力は日本海の美しい景色にある。車体に日本海に沈む夕日が描かれた「いなほ」が行く

村上〜間島間　写真／牧野和人

奥羽本線の板谷峠区間は、標準軌に改軌されて山形新幹線となった。かつて、EF71形が補機を

務めた区間を、E3系「つばさ」が行く。　　　　　　　　　　庭坂〜板谷間　写真/PIXTA

松尾芭蕉の『おくのほそ道』をたどるように、陸羽東線を行くキハ110系。

陸前谷地〜古川間　写真／牧野和人

Contents

※本書の内容は2023年5月20日現在の内容を元に作成しています。
※本書の内容等について、JR各社、関連会社、
　私鉄・民鉄各社等へのお問い合わせはご遠慮ください。

特急形電車
E653系／E751系

近郊形・通勤形電車
719系／EV-E801系

気動車
GV-E400系／HB-E300系／キハ58系／キハ45系

機関車
ED77形・ED78形・EF71形／C57形180号機
DE10形・DE11形・DE15形／DD200形

JR路線大全

『JR路線大全』では、10冊に分けて全国のJR路線を紹介していきます。
第III巻では、この路線図で赤く塗られている路線を取り上げています。

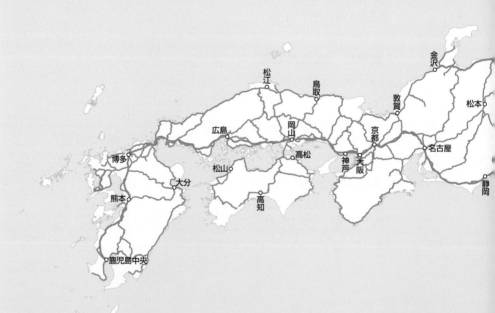

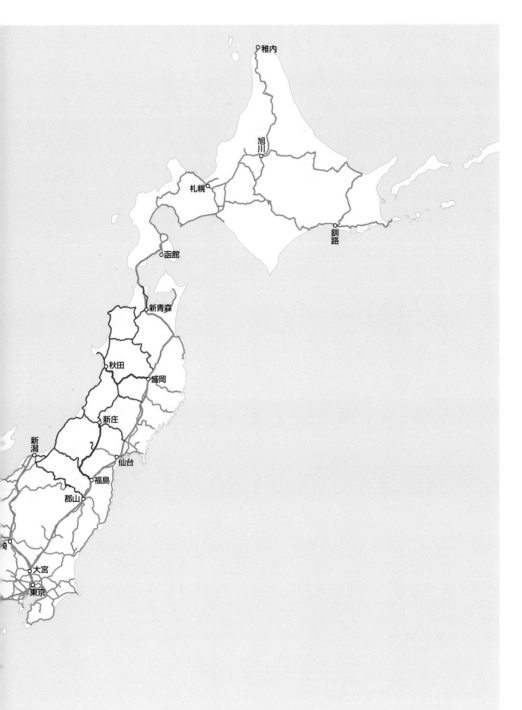

稚内

旭川

札幌

釧路

函館

新青森

秋田

盛岡

新庄

新潟

仙台

福島

郡山

大宮

東京

11

・本書は2023（令和5）年5月20日現在の内容を基に作成しています。

・開業年は、当該路線が一部でも開業した年です。

・全通年は、原則として表題の全区間が開通した年です。

・本書内で出てくる距離は営業キロです。

第 1 章

羽越本線

新津〜秋田 間

Ⅲ

JR路線大全

羽越本線　新津〜秋田 間

東北西部の日本海沿岸を貫き、3県を結ぶ

新津と秋田を結ぶ羽越本線は、京阪神地区と青森とを結ぶ"日本海縦貫線"の一角を担い、かつては多くの優等列車が走っていた。現在は各地域内のローカル輸送が主となっているものの、貨物輸送では重責を担い続け、観光路線としても脚光を浴びている。

路線DATA

開業年	1912（大正元）年
全通年	1924（大正13）年
起終点	新津／秋田
営業距離	271.7km
駅数	60駅
電化/非電化	電化・直流1500V／新津〜村上 交流20000V・50Hz／村上〜秋田
所属会社	JR東日本

羽越本線の顔、新潟と秋田とを結ぶ特急「いなほ」。新潟駅では新幹線と同一ホームで乗り換えられる。

"日本海縦貫線"で最後に開業
全盛期は昭和40〜50年代

　古くは「出羽国」と呼ばれた山形・秋田県と、「越後国」と呼ばれた新潟県を結ぶ羽越本線。信越本線と磐越西線に接続する新津から、庄内地方（山形県の海岸部）の主要都市である鶴岡、酒田を経て、秋田へ至る路線の総延長は271.7km。村上以南が直流、以北が交流方式で電化されており、単線区間が中心ながら、部分的に小刻みな複線化がなされた。

　日本海岸の鉄道の歴史は太平洋岸に比べると遅く、東海道本線の新橋〜神戸間が全通した1889（明治22）年当時はまだ、のちに北陸本線となる路線が米原〜金ケ崎（現・敦賀港）間に開業しているだけだった。しかし明治20年代以降、次第に延伸され、1912（大正元）年には現在の

羽越本線を除いた多くの区間で、鉄道が開通した。羽越本線の建設が本格化したのは大正期に入ってからで、十数年の歳月を経て、1924（大正13）年にようやく新津〜秋田間が全通する。ここに北陸・信越・羽越・奥羽本線と連なる"日本海縦貫線"が完成し、関西地方と東北方面の物流の便は飛躍的に改善された。

　羽越本線の全通と同時に、神戸と青森とを結ぶ直通列車が運行を開始する。また、上越線が全通した1931（昭和6）年以降は、上越・羽越本線経由で首都圏と東北地方北部を結ぶ長距離列車も登場した。

　戦後になると1950（昭和25）年に大阪〜青森間を結ぶ夜行急行「日本海」、1961（昭和36）年には同区間を走る昼行特急

鳥海山を背にした特急「いなほ」。E653系の車体には、日本海に沈む夕日に輝く波と、あかね空が緩やかな曲線で表現されている。本楯〜酒田間　写真／牧野和人

「白鳥」が登場、1969（昭和44）年には上野〜秋田間に特急「いなほ」も運行を開始。昼行・夜行を問わず優等列車が数多く運行されていた昭和40〜50年代こそ、羽越本線の最も華やかな時代であった。

長距離特急は昼夜ともに消滅
貨物輸送は現在も重要ルート

1982（昭和57）年に東北・上越新幹線が開業して以降、長距離優等列車は衰退に転じる。また、航空路線の発達もあり、移動に一昼夜を要するような長距離列車は利用されなくなっていった。2001（平成13）年に「白鳥」が廃止され、日本海縦貫線を走り通す昼行列車が姿を消した。

2012（平成24）年には「日本海」の定期運行も廃止され、関西地方と羽越本線沿線をダイレクトに結ぶ列車はなくなり、

2015（平成27）年に臨時寝台特急「トワイライトエクスプレス」も姿を消したことで、羽越本線から信越・奥羽本線へ直通する旅客列車はなくなった。また、2014（平成26）年には上野〜青森間を羽越本線経由で結ぶ寝台特急「あけぼの」も臨時列車化されて、首都圏に直通する定期旅客列車もなくなっている。

現在は特急「いなほ」が羽越本線で運行される唯一の優等列車で、白新線経由で新潟〜酒田・秋田間を結んでいる。運行系統上は新潟が事実上の起点であり、新津〜新発田間は支線のような存在となってしまった。このように、路線のローカル化が進む一方で、貨物列車は今なお数多く運行され、日本海沿岸の大動脈として重要な役割を占めている。

羽越本線

本線でありながら、海あり山
ありの絶景路線でもある羽
越本線。特急「いなほ」が
快走する。村上〜間島間
2014年5月8日
写真／佐々倉 実

貨物輸送では、現在も長距離輸送に欠かせない羽越本線。元「カシオペア」牽引機のEF510形500番代が、かつてブルートレインが多数往来したルートで、コンテナを満載にした貨物列車を牽引する。女鹿～小砂川間

北前船の伝統を受け継ぎ
大正末に完成した"日本海縦貫線"

京阪神地方から東北地方北部を、日本海に沿ってダイレクトに結ぶ鉄道ルートは、一般に"日本海縦貫線"と呼ばれている。正式な名称ではないが、他の交通機関が未発達だったこともあり、長らく長距離優等列車が運行されてきた。

鉄道開業以前、このルートは北前船が主要な役割を担っていた。大坂の湊（現・

大阪港）を起点として、瀬戸内海と日本海沿岸の各港を結ぶ北前船は、明治時代中期まで日本最大の物流ルートだったのである。これに代わる新たな輸送路として鉄道建設が促進されたが、太平洋側に比べて大きく後れをとってしまう。

開通がとりわけ遅れたのが羽越線（現・羽越本線）であり、1890年代から「羽越海岸鉄道」の建設運動が叫ばれるも、なかなか建設には至らなかった。むしろ東

羽越本線（新津～秋田間）

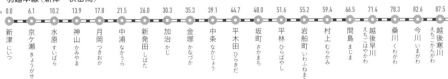

km	0.0	6.1	10.2	13.9	17.8	21.5	26.0	30.3	35.3	39.1	44.7	48.0	51.6	55.2	59.4	66.5	71.4	78.3	82.6	87.5
	新津 にいつ	京ケ瀬 きょうがせ	水原 すいばら	神山 かみやま	月岡 つきおか	中浦 なかうら	新発田 しばた	加治 かじ	金塚 かなづか	中条 なかじょう	平木田 ひらきだ	坂町 さかまち	平林 ひらばやし	岩船町 いわふねまち	村上 むらかみ	間島 まじま	越後早川 えちごはやかわ	桑川 くわがわ	今川 いまがわ	越後寒川 えちごかんがわ

1912年に新津〜新発田間が開業した頃の新津駅。1897年に北越鉄道（現・信越本線）の駅として開業した。
写真／『日本国有鉄道百年写真史』より

1920年に完成した、新屋〜羽後牛島間の雄物川橋梁。当初は全長599.7mのワーレントラスだった。
写真／『日本国有鉄道百年写真史』より

西を接続する路線の建設のほうが先行し、1914（大正3）年には日本海沿岸で屈指の港町だった酒田と、奥羽本線とを結ぶ酒田線（現・陸羽西線）が開業している。この酒田線を起点として線路は南北に延伸され、1918（大正7）年には余目〜鶴岡（仮駅）間が開業、庄内地方の二大都市を奥羽本線経由で結ぶルートが確立されることになる。

しかし、首都圏との結びつきだけでは、やはり長年培われた日本海沿岸ルートの需要を満たすことはできなかった。羽越本線の全通を目指して建設が進み、1924（大正13）年に最後まで残っていた羽後岩谷〜羽後亀田間と村上〜鼠ケ関間が開通、羽越線が全線開業する。ここに大阪〜青森間が全通し、現在なお主要な貨物輸送ルートである日本海縦貫線が完成したのである。

92.8	95.9	101.0	105.4	109.8	115.7	120.1	123.2	128.9	133.4	139.4	146.0	151.1	154.7	157.4	160.4	163.7	166.9	173.1	175.9
勝木 かつぎ	府屋 ふや	鼠ケ関 ねずがせき	小岩川 こいわがわ	あつみ温泉 あつみおんせん	五十川 いらがわ	小波渡 こばと	三瀬 さんぜ	羽前水沢 うぜんみずさわ	羽前大山 うぜんおおやま	鶴岡 つるおか	藤島 ふじしま	西袋 にしぶくろ	余目 あまるめ	北余目 きたあまるめ	砂越 さごし	東酒田 ひがしさかた	酒田 さかた	本楯 もとたて	南鳥海 みなみちょうかい

羽越本線の特急には交直両用のE653系が使用される。写真は「瑠璃色」のU-106編成で、「いなほ」50周年記念マークを表示している。中条〜平木田間　2019年10月20日　写真／目黒義浩

単線を基本に一部を複線化
2種類の電気で全線電化

　羽越本線は、全線を通じて単線が基本となっているが、一部区間を複線として、列車の行き違いができるようになっている。全線が電化されているが、新津〜村上間は直流、村上〜秋田間は交流50Hzで電化され、村上〜間島間にデッドセクションが設けられている。

　そのため、この区間を直通する特急と貨物列車では、交直流のE653系電車とEF510形電気機関車が使用されている。普通列車は、新津〜村上間は直流のE129系、酒田〜秋田間は交流の701系（鶴岡発着の区間列車を含む）、村上〜酒田間や新津〜酒田間の直通列車では電気式気動車のGV-E400系で運転されている。

　なお、接続する米坂線、陸羽西線と直通する列車も運転されていたが、前者は2022（令和4）年8月の大雨被害で坂町〜今泉間が不通となっている。後者は国道47号 高屋道路の「高屋トンネル（仮称）」工事に伴い、2024年度頃までバス代行輸送が行われていて、列車の直通運転も取りやめになっている。

　また、東北新幹線八戸延伸に伴い、2002（平成14）年に東北本線盛岡〜八戸間がJRから第三セクターに移管してからは、

羽越本線（新津〜秋田間）

km	179.1	186.1	189.7	194.8	198.5	203.4	209.2	214.7	223.1	228.9	236.0	240.7	243.7	250.2	251.8	258.4	261.7	265.7	269.0	271.7
	遊佐　ゆざ	吹浦　ふくら	女鹿　めが	小砂川　こさがわ	上浜　かみはま	象潟　きさかた	金浦　このうら	仁賀保　にかほ	西目　にしめ	羽後本荘　うごほんじょう	羽後岩谷　うごいわや	折渡　おりわたり	羽後亀田　うごかめだ	岩城みなと　いわきみなと	道川　みちかわ	下浜　しもはま	桂根　かつらね	新屋　あらや	羽後牛島　うごうしじま	秋田　あきた

直流電化された新潟〜村上間、新津〜新発田間の普通列車では、直流電車のE129系を使用する。新潟地域の専用電車で、115系を置き換えた。写真／PIXTA

村上〜酒田間の普通列車は交直流電車を使用せず、架線下を電気式気動車のGV-E400系が走る。新津から直通する列車も設定されている。写真／PIXTA

GV-E400系に置き換えられる前の村上〜酒田間は、キハ40系などの気動車を使用。利用者が多い区間があるため、近郊タイプのキハ47形が多かった。

交流電化された酒田〜秋田間の普通列車は、交流電車の701系を使用する。帯色は秋田地域のピンク色。基本的に酒田以南には乗り入れていない。

JR東日本の路線のみで首都圏から青森、さらに青函トンネルまで行けるルートとしての役割も担うようになり、ツアー列車や回送列車などは羽越本線経由で運転されるようになっている。

庄内平野に広がる田園風景と羽越本線のシンボル・鳥海山

ミニ新幹線も含めた新幹線ネットワークの発達している東北地方において、羽越本線沿線は今も在来線が交通網の主軸を担う、数少ないエリアである。なかでも沿線のちょうど中間に位置する庄内地方は、庄内藩酒井氏14万石の城下町・鶴岡と、北前船でにぎわった港町・酒田という人口10万人を超える都市を2つ抱えな

がら、今なお新幹線はなく、新潟と秋田とを結ぶ高速道路も全通していない。

また、庄内空港も便数は多くなく、今でもビジネス・観光の両面において特急「いなほ」が重要な役割を果たしている。かつて上野〜秋田間を結んでいた「いなほ」は、1982（昭和57）年の上越新幹線開業に伴い、新潟〜酒田・秋田間に区間を短縮されて新幹線接続特急となったが、その重要性は以前よりも増し、新潟で上越新幹線と、秋田で秋田新幹線と接続している。2023（令和5）年3月ダイヤ改正では7往復が設定されている。

羽越本線は貨物輸送においても重要な役割を担い続けており、信越本線から第

日本海沿いの車窓の中でも、桑川から越後寒川間の約11kmは「寒川流れ」と呼ばれる絶景区間。海岸線のすぐ近くを列車は走る。越後寒川〜今川間　写真／牧野和人

三セクター化されたえちごトキめき鉄道日本海ひすいライン、あいの風とやま鉄道、IRいしかわ鉄道を経て北陸本線へと至る、東北・北海道と京阪神地区とを結ぶ貨物列車が多数運行されている。中には札幌貨物ターミナルと福岡貨物ターミナルを結ぶ列車も運転されている。

　また、新津から信越本線・上越線を経由して酒田や大館と首都圏とを結ぶ貨物列車も運転されている。なお、酒田では貨物支線(通称・酒田港線)が分岐しており、羽越本線の貨物輸送の中継拠点としての役割も担っている。

羽越本線最大の難所であった
日本海屈指の景勝地「笹川流れ」

　日本海に沿って走る羽越本線は、全区間を通じて海の見えるエリアが多く、乗客にとって大きな楽しみのひとつとなっている。なかでも新潟・山形両県の県境を挟む村上〜三瀬間は、60km以上にわたって海岸線に沿い、通過時間は特急でも1時間近くを要する。これほど長く車窓に海が見える路線は、全国的にも珍しい。

　この長い海岸線区間で最も有名なのが、桑川から越後寒川付近の約11kmにわたる「笹川流れ」である。桑川駅の北側にある笹川集落から名付けられた景勝地で、荒波による浸食で形づくられた奇岩や洞窟、岩礁などが連なっている。本路線の建設当時は最大の難所であり、笹川流れを含む村上〜鼠ケ関間は、日本海縦貫線で最後の開通区間のひとつとなった。

鳥海山を背に、水が張られた水田の中を行く特急「いなほ」。秋になれば列車名通りに一面の稲穂が広がる。遊佐〜吹浦間
2017年5月5日　写真／牧野和人

　かつての難所も今では羽越本線最大の絶景スポットで、短いトンネルを抜けるごとに風光明媚な日本海の眺望が楽しめる。また笹川流れの最寄り駅である桑川駅には「道の駅 笹川流れ・夕日会館」が併設され、駅の改札口を出て直接、海岸に出ることができる。

　なお、部分的に複線化された区間の多くは、新線がトンネルで建設された。そのため新線を経由する上り線は下り線に比べ、海の見える区間が少なくなっている。

日本有数の米どころを見渡す
鳥海山の美しき山容

　庄内平野は日本有数の米どころとしても知られる。海岸沿いの区間が多い羽越本線にあって、見渡す限りの田園風景は、車窓の大きなアクセントとなっている。鶴岡・酒田とも市内に多くの見どころを抱え、東北屈指の霊場・出羽三山など、沿線の主要な観光スポットも庄内地方に集中している。

　一面の田園風景とともに、庄内平野の車窓のアクセントとなっているのが、平野の北端に位置する鳥海山であろう。東北地方では福島県檜枝岐村の尾瀬ヶ原にそびえる燧ヶ岳(標高2356m)に次ぐ標高2236mを誇り、「日本百名山」にも選定されている。穏やかな山容は富士山にも似ており、“出羽富士”“庄内富士”などと呼ばれることもある。特に酒田以北では、その優美な山容を車窓から間近に眺めることができる。鉄道においても「鳥海」の名は古くから優等列車の名称として使われ、1980〜90年代には寝台特急の名称ともなった。まさに羽越本線のシンボル的存在、といってもいいだろう。

羽越本線の絶景を満喫できる観光列車「海里」。交直流セクションが関係ないハイブリッド式気動車だ。村上〜間島間
2019年10月21日　写真／目黒義浩

「いなほ」のE653系1000番代の1号車はグリーン車。
車端部には車窓を楽しみやすいミニラウンジも設けられている。
写真／髙橋誠一

2001年に運転を開始した「きらきらうえつ」。羽越本線の
絶景に着目し、人気路線に盛り立てた観光列車。

人気の観光列車「海里」と
利便性を高めた「いなほ」

羽越本線は、このように海、山、平野と車窓を楽しめる風光明媚な区間が多いことから、2001（平成13）年に485系4両編成を改造した観光列車「きらきらうえつ」が登場し、新潟〜酒田間で運行された。そして2019（令和元）年10月には、ハイブリッド車のHB-E300系を使用する「海里」に交代した。「きらきらうえつ」の後継に新造車両が投入されるあたりに、本列車の人気の高さが伺える。

また、特急「いなほ」には2013（平成25）年9月からE653系1000番代が投入され、485系を置き換えた。連続立体交差事業が行われていた新潟駅では、上越新幹線と特急「いなほ」が対面で乗り換えられるように設計が変更され、2018（平成30）年4月に供用を開始。新幹線接続特急としての利便性が高められた。

第 2 章

羽 越 本 線
の周辺路線

磐越西線　郡山〜新津 間

白新線　　新潟〜新発田 間

III

JR路線大全

磐越西線

青々とした初夏の磐梯山を
背に、磐越西線の新しい
顔、E721系の普通列車
が行く。川桁〜猪苗代間
2018年5月20日
写真／目黒義浩

会津を横断し、東北と新潟を結ぶ重要路線

磐越西線の人気列車、C57形180号機が牽引する「SLばんえつ物語」。100km以上の長距離を走るSL列車は全国的にも珍しい。上野尻～野沢間　写真／佐々倉 実

路線DATA

開業年	1898（明治31）年
全通年	1914（大正3）年
起終点	郡山／新津
営業距離	175.6km
駅数	42駅※
電化/非電化	電化・交流20000V／郡山～喜多方 非電化／喜多方～新津
所属会社	JR東日本

※常設駅のみ

電化・非電化区間に二分され
バラエティ豊かな車両が集まる

　磐越西線は、郡山と新津とを結ぶ全長175.6kmの路線である。郡山～喜多方間は仙台近郊区間、五泉～新津間は新潟近郊区間に含まれ、地域輸送も担っている。

一方で、県境の野沢～津川間は列車本数が少ないローカル区間になる。

　喜多方を境に郡山側は電化され、郡山～喜多方間は電車で運転されていたが、2022（令和4）年3月にスイッチバックとなる会津若松で運転系統が分けられ、郡山～会津若松間は電車、会津若松～新津間は気動車での運転に改められた。

　現在、郡山～会津若松間はE721系で運行されている。一方、喜多方～新津間は非電化だが、前述の変更により電気式気動車のGV-E400系は会津若松～新津間で運転。一部に従来のキハ110系や、只見線の間合いでキハE120形による運行もある。会津若松～喜多方間はいわゆる

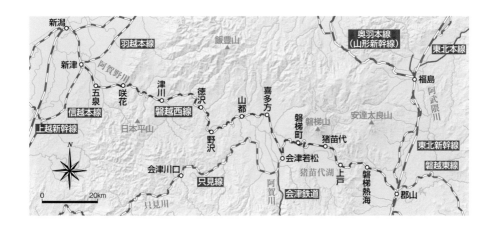

「架線下DC」での運行となるため、架線の撤去も検討されている。なお、新津側では通勤時間帯を中心に新潟まで直通する列車が設定され、利便性を高めている。

　現在、全線を直通する列車や優等列車は設定されていないが、新津〜会津若松間ではC57形180号機が牽引する「SLばんえつ物語」が運転されている。この区間には「森と水とロマンの鉄道」の路線愛称が付けられている。

私鉄の岩越鉄道として開業
磐越東線のともに改称

　磐越西線は、1897（明治24）年に設立された私鉄の岩越鉄道を端緒とする。日本鉄道により現在の東北本線が敷設され、郡山と新津を結ぶ鉄道の仮免許が交付された。1898（明治31）年に郡山〜中山宿仮停車場間が開業。翌99年には若松（現・会津若松）まで達した。

　1904（明治37）年に喜多方まで開業したところで、1906（明治39）年に国有化。以西は岩越線として建設が進められたが、トンネルの掘削など難工事が連続し、喜

多方〜山都間の開業は1910（明治43）年と時間を要した。この区間に架橋された一ノ戸川橋梁は1908（明治41）年に完成し、東洋一の高さを誇った。1913（大正2）年に山都〜野沢間が開業した。

　一方、新津側は信越線（現・信越本線）の支線として工事が進められ、1910（明治43）年に新津〜馬下間、1913（大正2）年に馬下〜津川間が開業。翌14年に野沢〜津川間が開業し、岩越線は全通した。

　その後、1917（大正6）年に平郡東線、平郡西線が全通に合わせて「磐越東線」と改称されるのに合わせて、岩越線は「磐越西線」と改称された。当時は上越線が全線開通前で（全線開通は1931（昭和6）年）、上野と新潟とを結ぶ優等列車も運行された。

新潟と東北の災害を
迂回ルートとして支える

　磐越西線は、災害時の迂回ルートとしての重責を何度か担ってきた。2004（平成16）年10月に発生した新潟県中越地震では上越線が不通となり、新潟方面へ磐

会津若松〜新津間は気動車による運転で、電気式気動車のGV-E400系を中心に、キハ110系も使用されている。喜多方〜山都間　写真／佐々倉 実

越西線経由の臨時列車が運行された。

　また、2011（平成23）年3月の東日本大震災では一部区間が運転見合わせとなったが、東北本線よりも早い約2週間後には全線で運転を再開したため、東北地方の被災地へ燃料を輸送する臨時石油輸送列車が運行された。

　なお、2022（令和4）年8月4日の大雨で喜多方〜野沢間が運休となった。同月25日に山都〜野沢間は復旧したが、喜多方〜山都間は濁川橋梁が崩落したため復旧に時間がかかり、代行バス運行が続けられた。2023（令和5）年4月1日に復旧し、会津若松〜新津間での運行が復活した。

準急から急行、特急へ
磐越西線の優等列車

　磐越西線の優等列車は、1959（昭和34）年に設定された3つの準急から始まる。
「ばんだい」上野〜郡山〜喜多方
「あいづ」喜多方〜郡山〜仙台
「あがの」新潟〜郡山〜仙台
　このうち「あがの」は磐越西線を全線走破し、新潟と仙台を結ぶ。翌60年には
「ひばら」上野〜会津若松
「いわしろ」上野〜会津若松（夜行）
が追加され、会津と上野を結ぶ列車を増発。1963（昭和38）年には
「いいで」上野〜郡山〜新潟
が設定された。

磐越西線

km	0.0	3.4	7.9	11.8	15.4	20.8	27.3	29.3	31.0	33.4	36.7	41.1	51.2	57.2	60.0	64.6	70.1	73.2	75.1	77.5	79.5	81.2
	郡山 こおりやま	郡山富田 こおりやまとみた	喜久田 きくた	安子ケ島 あごがしま	磐梯熱海 ばんだいあたみ	中山宿 なかやましゅく	上戸 じょうこ	猪苗代湖畔（臨）いなわしろこはん	関都 せきと	川桁 かわげた	猪苗代 いなわしろ	翁島 おきなしま	磐梯町 ばんだいまち	東長原 ひがしながはら	広田 ひろた	会津若松 あいづわかまつ	堂島 どうじま	笈川 おいがわ	塩川 しおかわ	姥堂 うばどう	会津豊川 あいづとよかわ	喜多方 きたかた

急行形の455系で運転された磐越西線の普通列車。JR発足後には鮮やかな塗色に変更された。写真の先頭車は半室グリーン車に改造されたクロハ455形。郡山　写真／髙橋誠一

東日本大震災で東北へ石油を輸送するため、磐越西線経由で臨時貨物列車が仕立てられた。普段は貨物輸送がない路線だが、非常時の迂回ルートとしての役割を改めて認識させた。

　1965（昭和40）年には磐越西線初の特急として「やまばと」が上野〜山形・会津若松間にキハ82系で設定された（上野〜郡山間は山形編成と併結）。1968（昭和43）年に483・485系電車化され、単独運行の「あいづ」として独立した。

　1982（昭和57）年に東北新幹線が大宮〜盛岡間で開業すると、東北本線を走る特急はほとんどが廃止されたが、「あいづ」は郡山から磐越西線に入るため、福島から奥羽本線に入る「つばさ」ともども残存し、上野駅を発着する希少な485系定期特急となっていた。

　JR化後も運行されていたが、磐越自動車道開業などの影響により、1993（平成5）年12月ダイヤ改正で廃止となった。その代わりに、郡山で新幹線に接続する特急「ビバあいづ」が設定され、内外装を改造された485系の専用編成で運転された。2002（平成14）年には国鉄特急色の485系を使った特急「あいづ」「ホリデーあいづ」に交代し、懐かしいトレインマークが復活したが、翌03年10月ダイヤ改正で快速「あいづライナー」に格下げされた。しばらく愛称付きの快速として運転が続けられたが、2015（平成27）年3月に愛称のない快速となった。

　しかし磐越西線は観光需要があり、着席の要望も多いことから、クハE720-12の客室の半分を回転リクライニングシートに改造し、指定席を設定した快速「あいづ」が2020（令和2）年3月ダイヤ改正で誕生。一般形電車による快速ながら「あいづ」の愛称が復活した。

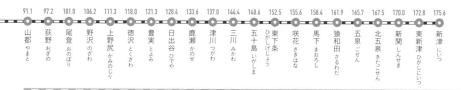

91.1	97.2	101.0	106.2	111.3	118.0	121.3	128.4	133.6	137.0	144.4	148.6	152.5	155.6	158.4	161.9	165.7	167.5	170.0	172.8	175.6
山都 やまと	荻野 おぎの	尾登 おのぼり	野沢 のざわ	上野尻 かみのじり	徳沢 とくさわ	豊実 とよみ	日出谷 ひでや	鹿瀬 かのせ	津川 つがわ	三川 みかわ	五十島 いがしま	東下条 ひがしげじょう	咲花 さきはな	馬下 まおろし	猿和田 さるわだ	五泉 ごせん	北五泉 きたごせん	新関 しんせき	東新津 ひがしにいつ	新津 にいつ

磐越西線史において、最も輝かしい優等列車の特急「あいづ」。485系を使用して、上野と会津若松とを結んだ。翁島〜磐梯町間　写真／佐々倉 実

磐越西線の人気列車
「SLばんえつ物語」

　現在の磐越西線において、看板列車は1999（平成11）年に運行を開始した「SLばんえつ物語」である。新津から会津若松までの111.0kmを約3時間30分かけて走るが、この走行距離と乗車時間は現在の復活蒸機の中で圧倒的な長さである。牽引機のC57形は幹線用の旅客機関車で、細身のボイラーと大きな動輪からなる均整の取れた美しいスタイルから、「貴婦人」の愛称が付けられた。

　客車は12系で、2014（平成26）年に大規模なリニューアル改造を受けている。7両編成で、会津若松行きでは最後尾になる7号車は展望グリーン車、1号車はオコジョ展望車両、中間の4号車はハイデッカー構造のフリースペース展望車両となっている。

　また、電車区間の郡山〜喜多方間には観光列車「フルーティアふくしま」が2015（平成27）年から運転されている。「走るカフェ」をコンセプトに、福島県産のフルーツを使用したオリジナルスイーツなどを提供して人気を集めたが、車両の老朽化により2023年12月で運転を終了する予定である。

中通りから日本海側へ
幕末の悲劇、会津を横断

　郡山駅の磐越西線ホームは、駅の最も西側、新幹線ホームのある駅本屋に隣接する1番線を使用する。北に向かって出発すると、じきに左に大きくカーブして市街地を走行。東北自動車道の下をくぐると卸センターの倉庫群が現れ、次第に農地が広がってくる。磐梯熱海を過ぎると、車窓は山深くなり、上り勾配を進んでいく。

　中山宿駅はかつてスイッチバック方式の駅だった。中山宿〜上戸間には最大25‰の中山峠があり、当初は通過不能な配線だったが、1963（昭和38）年に通過線が設置されて、優等列車は通過可能になった。1997（平成9）年に中山宿駅が800mほど会津若松寄りの通過線上に移転され、スイッチバックが廃止された。旧駅はしばらく放置されていたが、2015（平成27）年の「ふくしまデスティネーションキャンペーン」を機に、鉄道遺産として整備された。中山宿の手前左側の車窓に、旧中山宿駅跡が望める。

　上戸〜翁島間は猪苗代湖の湖畔を進むが、猪苗代湖は臨時駅の猪苗代湖畔駅の近くでちらと見えるくらいである。田園地帯に入ると、車窓には磐梯山の雄大な姿が現れる。翁島を過ぎると、線路は勾配を緩和するために大きなS字を描き、右に左にカーブを繰り返し、磐梯山も見え隠れする。

　東長原から会津盆地が大きく開け、拠

一ノ戸川橋梁を渡る「SLばんえつ物語」。全長445mの長い橋梁に、長編成の列車がよく似合う。喜多方〜山都間
写真／PIXTA

点駅の会津若松に到着する。会津若松は「白虎隊」や鶴ヶ城（会津若松城）など、幕末の歴史で知られる城下町で、会津観光の拠点である。駅に隣接して旧会津若松機関区の扇形庫や転車台が残され、「SLばんえつ物語」の牽引機はこの転車台で進行方向を変えて新津へ折り返す。

山深い非電化区間を抜け
阿賀野川を縫って新潟県へ

　会津若松駅には直進するホームもあるが、これは只見線のもので、磐越西線はスイッチバックして来た方向に折り返し、左にカーブして新津方面を目指す。会津盆地の豊かな農地を見ながら列車は北上し、市街地で大きくカーブをすると喜多方である。蔵とラーメンの街で有名な喜多方は、会津若松とともに人気の観光地である。

　喜多方から先は非電化区間となる。駅を出発すると間もなく、大雨被害から復旧したての濁川橋梁を越え、山深い地へ。視界が開けてくると、1908（明治41）年に架けられた一ノ戸川橋梁を渡る。石造りの橋脚には全長445m、高さ24mの上路式ボルチモアトラス橋が架けられ、美しい橋梁を渡る"シゴナナ"の姿を収めようと、「SLばんえつ物語」運転日には多くのカメラマンが集まる。

　山都からは阿賀川に沿って大きくうねりながら進む。徳沢〜豊実間の阿賀川上で新潟県に入るが、ここで河川名は阿賀野川に変わる。阿賀野川沿いに開けた小さな集落を結ぶように磐越西線は走る。馬下の手前から阿賀野川を離れて新潟平野に入る。広大な農地から住宅地が増えてくると、終点の新津に到着する。

白新線

新潟と新発田とを、新津を
経由せずに短絡する白新
線は、特急「いなほ」や貨
物列車のルートになってい
る。黒山〜佐々木間
写真／目黒義浩

日本海縦貫と新潟市の近郊輸送を担う

佐々木から新発田の手前までは、二王子岳(にのうじだけ)に向かって一直線の線路を進む。佐々木〜西新発田間　写真／PIXTA

路線DATA

開業年	1952(昭和27)年
全通年	1956(昭和31)年
起終点	新潟／新発田
営業距離	27.3km
駅数	10駅
電化/非電化	電化・直流1500V
所属会社	JR東日本

**当初計画は白山〜新発田間
ルート変更で新潟が起点に**

　白新線は新潟と新発田を起終点とする路線だが、線名の「白」は新潟駅の西隣・越後線の白山(はくさん)駅から採られている。これは現在の白新線にあたるルートが1927

(昭和2)年の改正鉄道敷設法別表第55号ノ2で、「新潟県白山ヨリ新発田ニ至ル鉄道」と規定されたことによる。白山は1912(大正元)年に開業した越後鉄道(現・越後線)の終点で、新潟市の中心街を経由して新発田へと結ばれる計画だった。

　ところが、1943(昭和18)年に信濃川を渡って新潟と白山の西隣に位置する関屋とを結ぶ信越本線貨物支線が開通。1951(昭和26)年6月の旅客営業開始で、関屋〜新潟間は越後線に編入された。同年12月には行き止まり駅だった白山が新潟〜関屋間に移設され、越後線の途中駅となっ

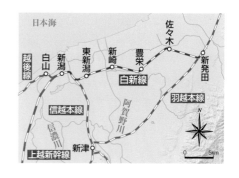

新潟駅の新幹線11番線と在来線5番線は同一ホームに設けられ、「とき」と「いなほ」はホーム上の中間改札を介して対面乗り換えができる。写真／高橋誠一

た。一方で翌1952年に葛塚（現・豊栄）〜新発田間が開通。路線名は鉄道敷設法に由来する「白新線」と定められた。

　1956（昭和31）年4月15日には沼垂〜葛塚（現・豊栄）間延伸により、新潟〜上沼垂信号場間を信越本線に乗り入れて新潟〜新発田間での列車運行が開始。この日が白新線の全通とされている。なお、1958（昭和33）年の沼垂駅廃止・新潟駅移転に伴い、白新線の起点は沼垂から現・新潟駅に変更されて現在の形となった。

　羽越本線が日本海側随一の大都市・新潟を経由せずに新津から新発田へ直行していたため、白新線は1965（昭和40）年に特急「白鳥」（大阪〜青森間）の運行ルートとなるなど、日本海縦貫線の一部としても機能した。1972（昭和47）年には羽越本線新津〜秋田間と合わせて白新線も電化。1979（昭和54）年までに新潟〜新崎間が複線化されている。

特急「いなほ」は新潟駅で新幹線と同一ホームに発着

　現在の白新線列車は2022（令和4）年に高架化が完了した新潟駅1〜5番ホームに発着する。このうち5番ホームは上越新幹線の11番ホームと中間改札を介した「のりかえホーム」とされており、白新線経由の在来線特急「いなほ」（新潟〜酒田・秋田間）全7往復が発着。新幹線「とき」（一部列車を除く）との同一平面上での乗り換えが可能となっている。

　地上に降りて間もなくの東新潟は新潟新幹線車両センターとJR貨物の新潟貨物ターミナルが隣接。1958（昭和33）年の開業時は新潟操車場前仮乗降場だったが、1978（昭和53）年に現名の駅へ昇格した。大形と阿賀野川橋梁（全長1200m）を経て新崎までは複線で、以東の複線化も1974（昭和49）年に決定されたが、未だ実現していない。早通周辺には県営の集合住宅や県住宅供給公社が分譲した一戸建てが並ぶベッドタウンの風景が広がる。

新潟駅で出発を待つ白新線のE129系。新潟地区では長く115系が使用されてきたが、白新線からは2018年に引退し、E129系に統一された。一部の列車ではワンマン運転が行われている。写真／高橋誠一

豊栄は旧豊栄市（現・新潟市北区）の代表駅で「いなほ」全列車が停車し、新潟～豊栄間の区間列車も多数設定されている。田園風景のなかに駅舎が建つ黒山、佐々木までが新潟市北区域で、西新発田で新発田市に入る。

新発田は新発田藩溝口氏6万石（のち10万石）の城下町として栄えた下越地区南部の中心都市で、羽越本線と接続する。1984（昭和59）年の廃止まで、赤谷線（新発田～東赤谷間18.9km）とも接続していた。新発田城跡には国重要文化財の本丸表門と旧二の丸櫓、足軽長屋が現存。近年、本丸辰巳櫓と三階櫓（これのみ内部非公開）が復元されたこともあり、観光客の

乗降も多い。

白新線内を運行する特急「いなほ」はE653系7両、快速「べにばな」（新潟～米沢間、米坂線運休により新潟～坂町間のみ愛称なしの臨時快速として運行）はキハ110系2両、人口81万の政令指定都市・新潟の近郊輸送を担う普通列車はE129系2・4・6両編成。そのほか2019（令和元）年10月から「きらきらうえつ」に替わって“新潟・庄内の食と景観を楽しむ列車”をうたう臨時快速「海里」（新潟～酒田間）がHB-E300系4両編成で、週末を中心に運行されている。ただし「海里」は新潟・新発田以外の線内全駅が通過となる。

第 3 章

奥羽本線

福島〜秋田 間

秋田〜青森 間

奥羽本線　福島〜青森 間

狭軌と標準軌で4区間に分割された主要幹線

奥羽本線は、福島、山形、秋田、青森と、東北4県の県庁所在地を結ぶ東北第二の幹線である。内陸の福島から山形県の主要都市を結び、さらに日本海側の秋田へ出て、本州最北の青森へと至るが、現在は軌間の違いから全路線の直通運転はできず、実質的に4区間に分かれている。

路線DATA
開業年	1894（明治27）年
全通年	1905（明治38）年
起終点	福島／青森
営業距離	484.5km
駅数	101駅
電化/非電化電化	電化・交流20000V
所属会社	JR東日本

軌間が1067mm時代の板谷峠を行く485系「つばさ」。上野と山形や秋田を結ぶ優等列車が多数行き交った。

4つの県庁所在地を結び
上野発の長距離列車が活躍

　奥羽本線は、総延長が484.5kmと東北地方では東北本線に次いで長く、かつては昼夜を問わず優等列車が行き交う重要幹線だった。歴史も古く、最初の区間である青森〜弘前間が開業したのが1894（明治27）年。東北本線の上野〜青森間全通の3年後であり、当時は私鉄の日本鉄道だった東北本線に対し、奥羽本線は最初から官設鉄道として建設されている。1905（明治38）年の全通により、山形、秋田をはじめ、「軍都」として発展していた弘前などへの交通路が飛躍的に改善された。

　全通から2年後の1907（明治40）年には、早くも上野〜青森間を直通する列車が設定されたことからも分かるように、首都圏と山形、秋田方面とを結ぶ重要幹線として、新幹線開業以前の奥羽本線には多くの優等列車が運行されてきた。1960

年代以降、特急では上野〜山形間を「やまばと」、上野〜秋田間を「つばさ」が結んでいたほか、夜行列車では特急「あけぼの」や急行「津軽」などが奥羽本線経由で上野〜青森間を結んだ。また、秋田〜青森間は日本海縦貫線の一翼も担い、大阪〜青森間の特急「白鳥」「日本海」なども乗り入れた。

　もっとも東北本線に比べると高規格化は遅れ、1975（昭和50）年に全線で電化されたものの、依然として単線区間が多く残っていた。運転本数でも東北本線には及ばなかったものの、東北第二の幹線として大きな役割を果たしてきた。

新在直通新幹線の開業により
一変した長距離幹線としての機能

　1982（昭和57）年、東北・上越新幹線が開業し、東北地方の鉄道網は大きく変

奥羽本線は1435mmに改軌され、東北新幹線と直通運転が可能になった。在来線を新幹線電車が行く姿もすっかり定着した。奥に在来線の719系が見える。赤湯〜かみのやま温泉間　写真／佐々倉 実

わった。奥羽本線では、夜行列車を除く優等列車の大半が福島始発に変更され、盛岡〜秋田間には田沢湖線経由の特急「たざわ」が運行を開始。首都圏から秋田へのアクセス役は「つばさ」から「たざわ」へと移ることになった。

さらに1992（平成4）年には山形新幹線が開業、福島〜山形間は1435mmの標準軌に改軌のうえ、新幹線と在来線区間を直通する新在直通運転（ミニ新幹線）方式で東京と山形が結ばれた。この時点で、奥羽本線全線を直通する列車の運行は不可能となり、1往復のみ残されていた上野〜秋田間の「つばさ」は廃止され、その愛称は山形新幹線に引き継がれた。

1997（平成9）年には秋田新幹線が開業、

大曲〜秋田間にもミニ新幹線が乗り入れた。さらに1999（平成11）年には山形新幹線が新庄まで延伸され、両新幹線に挟まれた新庄〜大曲間は実質的に地域内輸送主体のローカル線化が進んだ。なお、福島〜新庄間には「山形線」の路線愛称が付けられている。

一方、大きな変化のなかった秋田〜青森間では、近年まで「あけぼの」や「日本海」などの寝台特急も運行されていた。しかし2015（平成27）年に「トワイライトエクスプレス」が運行を終了、奥羽本線から夜行列車は姿を消した。現在は特急「つがる」が秋田〜青森間に3往復運行されているほか、日本海縦貫線を直通する貨物列車が頻繁に行き交っている。

福島〜秋田 間

奥羽本線にはスノーシェッド
のあるスイッチバック駅が4駅
あった。改軌の際にスイッチ
バックは廃止されたが、スノー
シェッドは残された。板谷

写真／佐々倉 実

スイッチバック駅時代の板谷駅を発車する普通列車。牽引は板谷峠用に開発された日本最大の交流電気機関車、EF71形。
1979年11月　写真／佐々倉 実

スイッチバック4カ所を擁した
北の難所「板谷峠」

　1892（明治25）年制定の鉄道敷設法に「第一期線」として組み入れられた福島〜山形〜秋田〜青森間の奥羽線（のち奥羽本線）は、翌93年7月に青森側から、半年後には福島側からも工事が始まった。青森側は着工翌年の1894（明治27）年には弘前まで開通、以後も順調に路線を延ばしていく。しかし、福島側は峻険な板谷峠を越えるルートの難工事に苦しみ、米沢までの開通に5年もの歳月を要することとなる。

　のちに“東の碓氷（旧・信越本線、廃止）”“西の瀬野八（現・山陽本線）”“南の矢岳（現・肥薩線）”と並び、“北の板谷”といわれた険しい峠越え区間は、周辺に標高1000m級の奥羽山脈の山々が連なり、冬季の豪雪も障壁として立ちはだかった。検討された碓氷峠と同様のアプト式こそ採用されなかったものの、鉄道としては限界を超えるとされた33.3‰以上の急勾配（最大38‰）が連続し、赤岩・板谷・峠・大沢の各駅に4カ所連続のスイッチバックが設けられるなど、日本の鉄道路線としては最大級の難所のひとつとなったの

奥羽本線（福島〜秋田間）

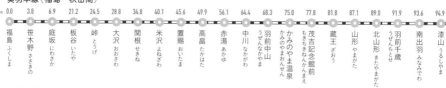

km	0.0	3.8	6.9	21.2	24.5	28.8	34.8	40.1	45.6	49.9	56.1	64.4	68.3	75.0	77.8	81.8	87.1	89.0	91.9	93.6	94.9
	福島 ふくしま	笹木野 ささきの	庭坂 にわさか	板谷 いたや	峠 とうげ	大沢 おおさわ	関根 せきね	米沢 よねざわ	置賜 おいたま	高畠 たかはた	赤湯 あかゆ	中川 なかがわ	羽前中山 うぜんなかやま	かみのやま温泉 かみのやまおんせん	茂吉記念館前 もきちきねんかんまえ	蔵王 ざおう	山形 やまがた	北山形 きたやまがた	羽前千歳 うぜんちとせ	南出羽 みなみでわ	漆山 うるしやま

赤岩駅付近の工事列車。板谷峠は難工事が多く、庭坂～赤岩間の松川橋梁は特に難儀した。
写真／『日本国有鉄道百年写真史』より

勾配が厳しい福島～米沢間は、東北地方の国鉄線ではいち早く電化され、補機として回生ブレーキの付いたEF16形が投入された。峠 1965年 写真／辻阪昭浩

である。

　板谷峠の歴史は、一面では補助機関車（補機）の歴史といっても過言ではない。補機なしの単機（機関車1両）運転では板谷峠を越えることができなかったため、開通以降、比較的急勾配に強いとされた2120形などの蒸気機関車が庭坂機関区（福島第二機関区庭坂支区に改組のち廃止）に配属されてきた。

　1913（大正2）年には、5軸の動輪による強い粘着性能を持つドイツ製の4100形が登場。1914（大正3）年には4100形をもとに国産化された4110形も投入される。戦後の1948（昭和23）年にはやはり5軸のE10形が新製配置。さらに翌49年には福島～米沢間が他区間に先駆けて直流で電化され、新たにEF15形（まもなく急勾配対応の改造を受け、EF16形に改称）

97.0	98.3	100.4	103.4	106.3	108.1	110.6	113.5	121.5	126.9	130.8	133.7	140.3	148.6	154.2	161.3	164.0	173.2	180.3	185.8	194.4
高擶 たかたま	天童南 てんどうみなみ	天童 てんどう	乱川 みだれがわ	神町 じんまち	さくらんぼ東根 さくらんぼひがしね	東根 ひがしね	村山 むらやま	袖崎 そでさき	大石田 おおいしだ	北大石田 きたおおいしだ	芦沢 あしさわ	舟形 ふながた	新庄 しんじょう	泉田 いずみた	羽前豊里 うぜんとよさと	真室川 まむろがわ	釜淵 かまぶち	大滝 おおたき	及位 のぞき	院内 いんない

福島〜新庄間は標準軌に改軌され、専用の台車を履く719系5000番代が運用を担う。米沢〜置賜間　写真／高橋誠一

4つの区間に分割された奥羽本線の中で、新庄〜大曲間は一番目立たない区間になった。1067mm軌間で、701系が運行を担う。及位　写真／牧野和人

直流電気機関車が投入されている。

難所から新幹線へと変貌を遂げ
今では貴重な鉄道遺産に

　板谷峠は電化後も、やはり補機の連結・解放時間や牽引定数（能力）の制約が速達化のネックとなった。1961（昭和36）年のいわゆる「サンロクトオ」ダイヤ改正で登場した、特急「つばさ」に運用されたキハ80系も補機が必要な性能にとどまった。

　電化当初は直流方式だった福島〜米沢間は、1964（昭和39）年に新型のEF64形が投入されたのち、周辺の区間が交流方式で電化されたことに伴い、1968（昭和43）年9月に交流に切り替えられている。この際に米沢〜山形間も交流電化され、上野〜山形間の特急「やまばと」はキハ80系から485系電車に、急行「ざお

う」の一部もキハ58系から455系電車に置き換えられ、ようやく板谷峠を補機なしで走行できるようになった。機関車も交流電気機関車となり、奥羽本線・仙山線の福島〜米沢〜羽前千歳〜仙台間用にED78形、奥羽本線の福島〜米沢間の補機としてEF71形が投入された。

　なお、「つばさ」は山形以北が非電化のためキハ80系での運行が続けられた。1970（昭和45）年には強力なエンジンを搭載したキハ181系に置き換えてパワーアップを図ったが、それでもエンジンがオーバーヒートを起こしてしまい、板谷峠の急勾配には結局のところ太刀打ちできず、2年後にはEF71形を補機として再び連結した。

　1975（昭和50）年に奥羽本線が全線電

奥羽本線（福島〜秋田間）

km 198.4	204.4	207.1	210.4	214.5	217.8	221.2	224.4	228.3	234.7	239.8	247.0	253.0	260.6	265.4	271.9	280.0	285.4	292.3	298.7
横堀 よこぼり	三関 みつせき	上湯沢 かみゆざわ	湯沢 ゆざわ	下湯沢 しもゆざわ	十文字 じゅうもんじ	醍醐 だいご	柳田 やなぎた	横手 よこて	後三年 ごさんねん	飯詰 いいづめ	大曲 おおまがり	神宮寺 じんぐうじ	刈和野 かりわの	峰吉川 みねよしかわ	羽後境 うごさかい	大張野 おおばりの	和田 わだ	四ツ小屋 よつごや	秋田 あきた

日本初の新在直通運転となった山形新幹線。シルバーの車体色が斬新な400系が、板谷峠に挑む。福島〜米沢間
写真／佐々倉 実

化され、上野〜秋田間の「つばさ」もようやく485系電車に置き換えられた。

標準軌に改軌して
日本初の新在直通運転を開始

板谷峠の大きな転機となったのが、山形新幹線の開業だった。1990（平成2）年以降、新幹線・在来線直通方式による山形新幹線の工事のため、福島〜山形間は断続的に運行が休止され、新幹線と同じ標準軌（軌間1435mm）に改軌された。山形新幹線は1992（平成4）年に開業。4カ所のスイッチバックはすべて廃止され、かつての難所を山形新幹線「つばさ」の400系は、苦もなく越えていった。

山形新幹線の開業から30年が過ぎた今もなお、かつてのスイッチバック駅には

ホーム跡などの遺構が草むしたまま残されている。これらスイッチバックの遺構は、1999（平成11）年に産業考古学会推薦産業遺産に認定されたほか、2009（平成21）年には経済産業省が認定する「近代化産業遺産」にも選定されるなど、貴重な鉄道遺産として注目を集めている。

狭軌と標準軌が入り交じる
全国でも珍しい三線軌条も

現在の奥羽本線は、狭軌と標準軌が入り交じる、全国のJR線でも珍しい軌間構成となっている。"ミニ新幹線"と呼ばれる新幹線・在来線直通運転の山形・秋田新幹線は、いずれも奥羽本線の一部区間を改軌のうえ、東北新幹線への直通運転が行われている。そのため、2本の"ミニ

置賜（おきたま）地域の複雑な地形を象徴するような、米沢盆地を行くE3系。山容だけでなく、農地としても秀でた地域である。赤湯〜中川間

大曲〜秋田間は、元の複線を利用して1067mmと1435mmの単線の並びとしたため、写真のようにE6系と701系が併走することもある。

新幹線"開業により、奥羽本線は実質的に福島〜新庄間（山形新幹線）、新庄〜大曲間、大曲〜秋田間（秋田新幹線）、秋田〜青森間の4区間に分断され、長距離幹線としての機能は失われている。

ただし、完全に標準軌（軌間1435mm）化され、在来線列車も標準軌仕様の車両で運行されている福島〜新庄間に対して、大曲〜秋田間は在来線用の狭軌（1067mm）と新幹線用の標準軌が単線並列の構造で、在来線列車も、この区間での直通運転が可能になっている。

また、神宮寺〜峰吉川間では、新幹線列車の行き違いを可能にするため、狭軌線側が標準軌との三線軌条となっている。定期列車が走る三線軌条としては、北海道新幹線開業後の青函トンネルと並ぶ珍しい例である。なお、山形新幹線の開業当時は貨物列車運行のため、蔵王〜山形間も三線軌条となっていたが、貨物列車の廃止により現在は撤去されている。

奥羽本線の峰吉川〜羽後境間を行くE6系「こまち」。手前側には1067mm軌間の線路が並行している。写真／牧野和人

「日本のアルカディア」を車窓に
福島から秋田への旅路

　奥羽本線の福島〜秋田間は、福島、米沢、上山、山形、尾花沢、新庄、横手と、多くの盆地を貫いて内陸部をひた走る。美しい海岸線を走る路線のようなピンポイントの絶景車窓にこそ恵まれないが、それぞれの盆地を囲む山々を背景にした、穏やかな田園風景がずっと続いている。

　福島を出た下り列車は、かつて板谷峠越えの機関車基地があった庭坂を過ぎると、目の前にそびえる吾妻連峰の斜面に取り付いていく。稜線に突き出た吾妻小富士（標高1707m）のすり鉢状の山容が特徴的だ。米沢盆地からは左に2000m級の飯豊連峰が望める。赤湯〜中川間の高台から見下ろす米沢盆地は、明治初期に日本を訪れたイギリス人女流作家のイザベラ・バードが、「日本のアルカディア（理想郷）」と絶賛した風景になる。

　かみのやま温泉付近からは、右に蔵王連峰が近付き、山形盆地の左手奥には葉山（1462m）と、朝日連峰から続く出羽三山の最高峰・月山（1984m）のなだらかな山頂部が連なっている。

　秋田県境を越えた横手盆地からは、左手はるか遠くに鳥海山（2236m）が望める。羽越本線沿線の背景としてそびえる山容とは違った趣きがある。右手前方には和賀岳（1440m）を主峰とする和賀山塊、正面に森吉山（1454m）へ続く太平山（1170m）を望みつつ、列車は秋田へと到着する。

奥羽本線

秋田〜青森間

ブルートレインが走っていた頃から人気の撮影地を行くE751系「つがる」。現在、秋田〜青森間を走る唯一の定期優等列車である。白沢〜陣場間 写真／牧野和人

深い雪の中を行く、701系5両編成の普通列車。奥羽本線は全線にわたって複線区間と単線区間が混在する。鶴ケ坂～大釈迦間
写真／牧野和人

八郎潟と周辺に広がる水田を眺め
かつての難所・矢立峠を越える

　山形新幹線と秋田新幹線の開業により、奥羽本線は事実上寸断された形となっている。そのなかで、水田や名峰を望む秋田～青森間は、長距離在来線の趣をそこかしこに留めている。

　秋田を発車し、追分で男鹿線を分けた奥羽本線の下り列車は、日本最大の干拓地である八郎潟の東縁をなぞるように北上する。沿線は「あきたこまち」で名高い米どころで、見渡す限りの水田の背後には、男鹿半島の山並みも見える。続く能代平野も八郎潟や周辺と並ぶ穀倉地帯で、列車は水田を貫いて進む。能代市はかつて、秋田杉など東北屈指の木材の集積地でもあり、伐採された木材の多くが奥羽本線で全国各地へ運ばれていた。五能線が分岐する東能代から先は山間部となり、佐竹氏による藩政期から秋田の林業を支

奥羽本線（秋田～青森間）

km	298.7	301.8	305.8	308.3	311.7	318.9	322.2	323.6	327.5	333.0	338.4	345.1	349.4	355.4	360.3	365.5	372.2	379.5	384.9	388.1
	秋田 あきた	泉外旭川 いずみそとあさひかわ	土崎 つちざき	上飯島 かみいいじま	追分 おいわけ	大久保 おおくぼ	羽後飯塚 うごいいづか	井川さくら いかわさくら	八郎潟 はちろうがた	鯉川 こいかわ	鹿渡 かど	森岳 もりたけ	北金岡 きたかなおか	東能代 ひがしのしろ	鶴形 つるがた	富根 とみね	二ツ井 ふたつい	前山 まえやま	鷹ノ巣 たかのす	糠沢 ぬかざわ

え続けた美林が、車窓からも眺められる。

秋田内陸縦貫鉄道が分岐する鷹ノ巣、花輪線が分岐する大館を経て、いよいよ青森県との県境である矢立峠越えに挑む。260mに満たない標高ながら、複雑な地形によって最大25‰の急勾配と急曲線が連続し、蒸気機関車が時には三重連で挑む難所だったが、1970（昭和45）年に全長3180mの矢立トンネルが開通、電化と前後して複線の新線に切り替えられた。現在も廃線跡が随所に残り、車窓からも一部確認できる。峠を越え、碇ケ関、弘南鉄道と接続する大鰐温泉に至れば、弘前はまもなくだ。

"津軽への到着"を実感させる
水田・リンゴ園と岩木山の姿

奥羽本線の下り列車が大鰐温泉を過ぎ、津軽平野に差しかかると、正面左手にひときわ雄大な独立峰が見えてくる。標高1625mの岩木山で、3つの頂を持つ個性的な山容が美しい。弘前を過ぎると、一面に広がる水田やリンゴ園を背景に、浮かび上がるようにそびえ立つ。夜行列車が運行されていた時代、「津軽富士」「お岩木様」とも呼ばれる岩木山の朝日を浴びた姿を眺めることで、窮屈な車内で一夜を過ごした乗客たちが、ようやく津軽に辿り着いたことを実感したものだった。長距離列車はなくなったが、岩木山は今

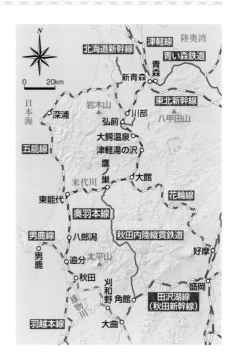

も乗客の目を楽しませてくれている。

岩木山へは弘前駅前から路線バス、津軽岩木スカイラインシャトルバスを乗り継いで8合目まで登ることができ、9合目まではリフトが設置されている。終点からは徒歩40分ほどで山頂に達することが可能なため、弘前で下車するハイカーも多い。

列車の進行に伴って、少しずつ山容を変えて見える岩木山だが、特に撫牛子〜

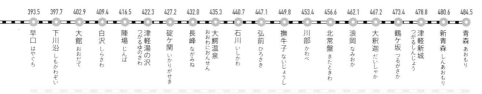

393.5	397.7	402.9	409.4	416.5	422.3	427.2	432.0	435.3	440.7	447.1	449.8	453.4	456.6	462.1	467.2	473.4	478.8	480.6	484.5
早口 はやぐち	下川沿 しもかわぞい	大館 おおだて	白沢 しらさわ	陣場 じんば	津軽湯の沢 つがるゆのさわ	碇ケ関 いかりがせき	長峰 ながみね	大鰐温泉 おおわにおんせん	石川 いしかわ	弘前 ひろさき	撫牛子 ないじょうし	川部 かわべ	北常盤 きたときわ	浪岡 なみおか	大釈迦 だいしゃか	鶴ケ坂 つるがさか	津軽新城 つがるしんじょう	新青森 しんあおもり	青森 あおもり

川部間から望む姿は、絶好の鉄道撮影ポイントとしても知られている。

東北の西の"動脈路線"から多くが新幹線の"肋骨線"に

　新幹線の開業やモータリゼーションの進展により、開業当初の役割を喪失してしまった鉄道路線は少なくない。奥羽本線も他の主要幹線と同様、新幹線の開業により、路線の姿を大きく変えてきた。

　かつては特急「つばさ」「やまばと」をはじめ、寝台特急「あけぼの」や急行「津軽」など、上野から山形・秋田・青森まで直通する優等列車が数多く運行されていた。さらに、大阪～青森間には、いわゆる"日本海縦貫線"を経由して秋田から奥羽本線に乗り入れる列車として、昼行の特急「白鳥」、寝台特急の「日本海」も運行されていた。しかし、現在の在来線優等列車は、秋田～青森間を走る特急「つがる」のみ。普通列車も通勤・通学輸送に特化した、701系のロングシート車がほとんどとなっている。

　一方で、在来線に並行して新幹線が建設された他路線の例とは異なり、奥羽本線の場合は、一部の途中区間が山形新幹線、秋田新幹線という2本の新在直通のミニ新幹線に転換されたが、経営がJRから切り離されることはなかった。さらに、新幹線が走る2区間は、軌間のほとんどが狭軌（1067mm）から標準軌（1435mm）に改められたため、直通運転こそ不可能になったものの、福島～新庄間の主要駅と大曲・秋田の両駅については、首都圏と新幹線で直結された。

　結果として両区間は、東北地方を縦断する"西側の動脈路線"から"東北新幹線の肋骨線"と化したことになる。両新幹線とも1990年代の開通で、その後の流れはフル規格での建設に移っている。今後は山形・秋田新幹線のようなミニ新幹線が誕生する可能性は低いだろう。

　また、今も新幹線が通っていない秋田～青森間でも、東京からの最短ルートは、新幹線の開業によってたびたび変更された。かつては奥羽本線経由の特急で結ばれていた上野～弘前間も、2002（平成14）年の東北新幹線八戸延長開業に際し、八戸～弘前間に特急「つがる」が誕生して以降、青森（新青森）経由がメインルートとなっている。

　羽越本線との直通列車もすでになく、"日本海縦貫線"としての役割も旅客輸送においては失われている。もはや、奥羽本線に長距離優等列車が運行される可能性はなく、現在では各エリアで新幹線に接続するローカル列車が走るという、開業当時は想像もされなかった運行形態へと変化しているのである。

奥羽本線を行くEF510形牽引の貨物列車。日本海縦貫線を貫く長距離列車は貨物列車のみになった。写真／PIXTA

奥羽本線の駅　　峠駅

かつては巨大なスノーシェッドで覆われた奥羽本線名物の"4連続スイッチバック駅"のひとつだったが、山形新幹線の建設時に改良。ホームを覆う巨大なスノーシェッドと名物「峠の力餅」の立ち売りが往時をしのばせる。

峠駅を通過する山形新幹線。在来線各駅停車のみが停車する。写真／PIXTA

秘湯好きと秘境駅ファンが愛用
「峠の力餅」の立ち売りは健在

峠駅は1899（明治32）年5月、官設鉄道奥羽南線（現・奥羽本線）福島〜米沢間の開通に伴い、スイッチバック方式の停車場として開業。8月から旅客と貨物の取り扱いを開始した。この区間は奥羽山脈を越える板谷峠の険しい地形が続き、峠駅付近をサミット（頂上）に33.3‰の急勾配が続く。これを克服するため、福島側から赤岩（当初は信号所、廃止）・板谷・

峠・大沢（当初は信号所）の4駅でスイッチバックが連続する、全国にも例を見ない構造になった。中でも最もサミットに近いのが峠駅になる。

現在の峠駅ホームは、山形新幹線「つばさ」も走る標準軌（軌間1435mm）の複線に挟まれた1面2線の構造になっている。現在のホームは、もともと本線（通過線）から、旧峠駅ホームへ向かう線路と、引上線が分岐していた位置付近にあたる。複雑なポイント群を積雪から保護するた

めに設置されたスノーシェッド（シェルター）がそのまま、ホーム全体を覆う形で残されている。

　1984（昭和59）年の無人化を経て、4駅のスイッチバックは山形新幹線工事に伴い、1990（平成2）年3月に赤岩、9月に板谷・峠・大沢で、それぞれ廃止。いずれの駅でも、ホームは本線に隣接する位置に付け替えられた。板谷峠区間は狭軌（軌間1067mm）単線、バス代行、標準軌単線での運用を経て、1992（平成4）年7月に複線化。峠駅舎は撤去され、ホームも現在の姿に変わった。

　山形線の愛称が付いた奥羽本線の普通列車は現在、峠駅には1日わずか6往復しか発着しない。それでも旧ホーム跡近くに1901（明治34）年から駅売りを始めた「峠の茶屋」が、早朝と夜間を除いて、名物「峠の力餅」の立ち売り販売を続けている。停車時間はわずか30秒だが、販売員から直接手渡されるできたての「力餅」を楽しみに、窓を開けて呼び声を掛ける乗客は少なくない。近くの鉄鉱山が1970（昭和45）年に閉山となって過疎化が進み、峠駅の乗降客は車で訪れることが難しい南側の山奥にある秘湯、滑川・姥湯両温泉の利用客と、秘境駅ファンがほとんどだ。

駅舎というよりもスノーシェードに開口部が設けられただけのようなつくりの峠駅。

峠駅のスノーシェッドに上りの「つばさ」が入ってきた。外には雪が積もっている。

下りホームから見た峠駅構内。左前方に、かつてのスイッチバックで分岐していた跡が残る。

左の写真の分岐した側から見た峠駅ホーム。大きな屋根で囲われた独特な空間である。

奥羽本線の駅　米沢駅

上杉氏15万石の城下町・米沢市の玄関口となる米沢駅は、国重要文化財・旧米沢高等工業学校本館をモデルに建てられた洋風の駅舎が特長。奥羽本線と米坂線が接続するので、2種類の軌間が見られる。

洒落（しゃれ）た洋館風のつくりの米沢駅。山形新幹線の開業に際して建て替えられた駅は、個性的な駅舎が多い。写真／岸本 亨

新幹線「つばさ」の全列車が停車
駅弁販売ブースと米沢牛の像が並ぶ

　米沢駅は奥羽本線と米坂線との接続駅。米沢藩上杉氏15万石の城下町で人口約8万5000、山形県南部の拠点・米沢市の玄関口でもあり、山形新幹線「つばさ」の全列車が停車する。米沢は2009（平成21）年のNHK大河ドラマ「天地人」の舞台となり、上杉謙信・鷹山を祀る上杉神社が立つ米沢城跡や、隣接する米沢市上杉博

物館を訪れる観光客も多い。流通量が少ないことから「まぼろしのブランド牛」として人気が高い、米沢牛の産地としても知られている。

　現在の駅舎は、1992（平成4）年7月の山形新幹線開業を受け、翌93年11月に完成した。中央に三角屋根の出入り口を置いた左右対象の洋館風の駅舎は、米坂線南米沢駅近くに立つ1910（明治43）年築の国重要文化財・旧米沢高等工業学校

（現・山形大学工学部）本館をモデルにしている。駅舎入り口には旧駅舎のイラストや、「アイヌ語で"湯の川"という意味の『ユナイ』が転訛した」といった「米沢駅の駅名由来」の説明板を添えた、「東北の駅百選選定駅」のプレートが飾られている。1階に駅業務施設や「置賜広域観光案内センターASK」など、2階には特産品などの販売コーナーが収まる。

新幹線は上下とも1番線を使用
普通列車は2・3番線を発着

　改札口に隣接する1番線が「つばさ」の発着ホームで、改札口の北側（山形寄り）に人気駅弁「牛肉どまん中」の新杵屋、「米澤牛焼肉重」の松川弁当店がそれぞれ販売ブースを構えている。ブースの位置は不平等にならないよう日ごとに入れ替わるという。ブースと並んで米沢牛の像と、上杉鷹山の肖像が描かれた観光写真パネルも設置されている。2・3番線は「山形線」普通列車乗り場で、標準軌（軌間1435mm）仕様の719系5000番代（米沢以北は701系5000番代も運行）が並ぶ。

　一方、狭軌（1067mm）の米坂線列車は、駅舎南側の4・5番線に発着する。1番線ホームの南側（福島寄り）の柵をはさんだ反対側に4番線、さらにその先に4番線を切り欠いた5番線が設けられている。そのため、1～3番線ホームの北端から5番線ホームの南端までは350m近く離れている。

　東口側のホテルやショッピングセンターが立つあたりにはかつて、9600形蒸気機関車などの基地だった米沢機関区があった。三角屋根のれんが造り機関車庫がランドマークで、保存を望む声も起きたが、2001（平成13）年2月に積雪の重みで倒壊してしまった。

米沢駅のモチーフになった旧米沢高等工業学校本館。

駅本屋とつながった1番線は、主に山形新幹線が上下とも使用。2番線は奥羽本線（山形線）の上り列車が出発を待つ。写真／岸本 亨

1番線の福島寄り端部にある4番線は米坂線のホーム。側線にキハ110形が停まっている。写真／岸本 亨

奥羽本線の駅　青森駅

かつて東北本線の終着駅として青函連絡船利用者でにぎわった青森駅は、青函トンネルの開通、さらに東北本線の分割に伴う第三セクター化で、現在は奥羽本線の駅となっている。駅舎が建て替えられた現在も、連絡船時代の面影がそこかしこに残る。

青森駅を横断する青森ベイブリッジから俯瞰した構内。側線にE751系が停車している。列車は奥側からやってくる。青色の連絡通路の左端に駅本屋が建つ。

60年以上玄関口だった4代目駅舎
自由通路の設置に伴い建て替え

　青森駅は長く東北本線の終着駅として知られていたが、2010（平成22）年の東北新幹線新青森延伸開業により、八戸〜青森間が第三セクターの青い森鉄道に移管されたことで、以降JRの駅としては奥羽本線の終点、津軽線の起点という位置付けになっている。

　長いこと青森の玄関口を務めてきた東口駅舎は1959（昭和34）年築の4代目。鉄筋コンクリート2階建てで、横長の建物に大きな窓が並ぶシンプルな「国鉄風」の外観だった。特に屋根部分に取り付けられた「あおもり駅」の文字板が、アクセントとして市民や観光客に親しまれていた。2010年に、正面の2階部分を覆う化粧板が設けられるなどのリニューアルが施されたが、「あおもり駅」の文字板はほぼそのままの形で引き継がれた。

　東口駅舎には2010年以降、青い森鉄道の駅施設も入り、出札窓口や自動券売機が設置されたが独自の改札口は持たず、JRと共用のかたちであった。かつて青函

連絡船に積み下ろしされる貨車用の側線が、広い構内に多数設けられていた関係で、東口駅舎とホーム、さらに西口との間をつなぐ南側の跨線橋は長い。

そこで、2016（平成28）年に青森県・青森市・JR東日本が「青森駅周辺整備事業」の基本協定を締結し、駅の東西を結ぶ自由通路を設けることになった。合わせて橋上駅舎に建て替えられ、2021（令和3）年3月27日から5代目駅舎の供用を開始。改札口（新駅舎でも共用）、みどりの窓口、待合室も2階に設けられている。

ホームは東口駅舎寄りの1・2番線を青い森鉄道、2～6番線を奥羽本線、3・6番線に津軽線の列車が発着することが基本となっている。

連絡船の全盛期を彷彿させる
特急が発着した長大ホーム

青森駅ホームの特徴は、南側の駅舎寄りから北側の青函連絡船桟橋に向かって延びる長いホームで、約360mある。かつては北の港町のターミナルとして東北本線の「はつかり」「はくつる」「ゆうづる」、奥羽本線の「白鳥」「日本海」など、北海道連絡を目的とした長大編成の特急・急

行列車が発着し、降車客が先を争って連絡船桟橋へと向かっていた。現在は連絡船待合室や桟橋へ続いていた北側の跨線橋も閉鎖され、短編成の701系が南側にちんまりと停車するばかり。2016（平成28）年3月26日の北海道新幹線新青森～新函館北斗間開業以降、青森駅に発着する定期優等列車は奥羽本線の特急「つがる」のみになった。

現在、旧連絡船第2岸壁前にあった待合室棟は撤去されて小公園になり、そばに「青函連絡船メモリアルシップ八甲田丸」が保存されている。八甲田丸の青森駅に向けた船尾側には、第2岸壁の可動橋とゲートも、そのまま残されている。

かつて、青森駅前には名産のリンゴを売る小さな店舗が軒を連ねる「りんご長屋」があった。駅前再開発により姿を消したが、駅前のショッピングビル「アウガ」地下の新鮮市場や、南側のニコニコ通り商店街で、「長屋」から引き継がれた店舗が営業を続けている。また、八甲田丸の船内にも、当時の青森駅前の情景が再現されている。

長いこと青森の顔だった駅本屋は2021年に建て替えられ、自由通路のある新たな駅舎となった。

旧青森第2岸壁には、八甲田丸を博物館に改装した「青函連絡船メモリアルシップ八甲田丸」が繋留されている。

奥羽本線
の周辺路線

Ⅲ

JR路線大全

米坂線

美しい紅葉の中を進む
GV-E400形。日本海側と
内陸を結ぶ米坂線は、特
に秋から冬にかけての車窓
が美しい。手ノ子〜羽前
沼沢間　写真／牧野和人

雪深い地を横断し、奥羽・羽越両本線を結ぶ

山形県の米沢と新潟県の坂町とを結ぶ米坂線は、雪深い地を走る。除雪車で雪かきされた線路をGV-E400形が単行で走る。
写真／PIXTA

山間の厳しい県境を越え
山形県内陸部と日本海沿岸を結ぶ

　奥羽本線の米沢と、羽越本線の坂町(新潟県村上市)を結ぶ米坂線は、1892(明治25)年に公布された鉄道敷設法に「新潟県下新発田ヨリ山形県下米沢ニ至ル鉄道」として規定された。

　1926(大正15)年に米沢〜今泉間が米坂線として開業。1931(昭和6)年には今泉〜手ノ子間が延伸。同日に新潟県側も坂町〜越後下関間が開業し、路線名が前者は米坂東線、後者が米坂西線に改称された。今泉から旧・白川信号場までの約2kmは、既設の長井線(現・山形鉄道フラワー長井線)と線路を共用した。

　1933(昭和8)年に米坂東線手ノ子〜羽前沼沢間、米坂西線越後下関〜越後金丸間、1935(昭和10)年には米坂東線羽前沼沢〜小国間が延伸し、1936(昭和11)年の小国〜越後金丸間開業により全通。路線名は米坂線に改称された。日本海沿岸と山形県内陸部を結ぶ重要路線で、羽越本線の迂回路としても機能した。勾配路線のため、蒸気機関車は9600形が1972(昭和47)年3月まで使用された。

紅葉が美しい秋の渓谷も
冬には運休するほどの豪雪地帯に

　米坂線は、米沢から米沢盆地を進み、手ノ子から急勾配、急曲線で分水嶺の宇津峠を越える。明沢川、荒川の谷間を進

くねくねとカーブを曲がりながら、米坂線を走るキハ110形の快速「べにばな」。この区間は2023年5月現在、運休が続く。伊佐領〜羽前沼沢間　写真／牧野和人

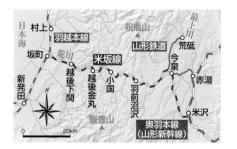

み、車窓からは赤芝峡の渓谷美を楽しめる。特に秋の紅葉が美しいが、冬には豪雪地帯となり、長期運休になったこともある。そのため車両は高出力車が必須で、国鉄時代から2基機関搭載のキハ52形やキハ58形が使用されてきた。

　1960（昭和35）年には米坂線初の優等列車、準急「あさひ」（1966年に急行格上げ）が仙台〜新潟間に設定された。しかし、上越新幹線の速達列車に愛称名が採用されることになり、新幹線開業を前にした1982（昭和57）年5月に山形県花に由来する「べにばな」に改称された。その後、1991（平成3）年の奥羽本線改軌工事に伴い、運転区間を米沢〜新潟間に短縮。種別も快速に格下げされた。

　2022（令和4）年8月3日の大雨でほぼ全線が被災。8月9日に米沢〜今泉間の運転が再開したものの、今泉〜坂町間では代行バス輸送が継続している。「べにばな」の運転も行われていない。

　なお米坂線の車両は、2020（令和2）年3月からキハ110系とGV-E400系で統一されている。

路線DATA	
開業年	1926（大正15）年
全通年	1936（昭和11）年
起終点	米沢／坂町
営業距離	90.7km
駅数	20駅
電化/非電化	非電化
所属会社	JR東日本

米坂線

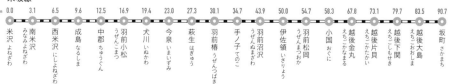

km	0.0	3.1	6.5	9.6	12.5	16.9	19.4	23.0	27.3	30.1	34.7	43.9	50.0	54.7	58.3	67.8	73.1	79.7	83.5	90.7
	米沢 よねざわ	南米沢 みなみよねざわ	西米沢 にしよねざわ	成島 なるしま	中郡 ちゅうぐん	羽前小松 うぜんこまつ	犬川 いぬかわ	今泉 いまいずみ	萩生 はぎゅう	羽前椿 うぜんつばき	手ノ子 てのこ	羽前沼沢 うぜんぬまざわ	伊佐領 いさりょう	羽前松岡 うぜんまつおか	小国 おぐに	越後金丸 えちごかなまる	越後片貝 えちごかたかい	越後下関 えちごしもせき	越後大島 えちごおおしま	坂町 さかまち

左沢線

小型のキハ101形の4両編
成が左沢線を行く。沿線に
は宅地も多く、朝夕には通
勤通学の利用客も多い。
左沢〜柴橋間
写真／牧野和人

最上川舟運で栄えた地への鉄路

羽前金沢駅に停車する2両編成のキハ101形。最長6両編成で運転されることもあるが、平時のホームは持て余すほどに長い。

山形新幹線と併走し
山形市内から西へ進む

「左沢」を"あてらざわ"と読める人は少ない。この地は、かつて最上川の上流と下流とを舟の大きさに合わせて荷を積み替える河岸(川港)として栄えた。

左沢線は、北山形駅から山形市近郊のベッドタウンと、「フルーツライン」のいわれとなる県内髄一のサクランボ名産地・寒河江を経て大江町の左沢を結ぶ24.3kmの地方交通線だ。2023(令和5)年春には、使用車両のキハ101形と数の並ぶ全通101年を記念し、地元による「やまがた あてらざわ 101 フェス」が開催された。

列車は山形駅を出ると北山形まで山形新幹線と並走する。かつて山形〜北山形間は線区が奥羽本線と重複していたが、開業当初は奥羽本線側に乗降施設はなかった。そのせいか、北山形はYの字に開いたところそれぞれにホームと駅舎が設けられる変則的なかたちである。現在、その並走部分は奥羽本線の狭軌部分として仙山線列車と共用だ。

いったん西へ向かい、須川を渡って村山盆地の西端に近づいたところで北へと向きを変え、山形市のベッドタウン山辺町の羽前山辺。最上川を渡って、「芋煮会発祥の地」中山町の中心部・羽前長崎

山形駅を出発した左沢線のキハ101形。北山形までは、奥羽本線（山形線）と並行する仙山線の狭軌を走る、架線下DCとなる。写真／岸本 亨

といった駅を過ぎて寒河江の市街へ入る。輸送量もここで大きく変わる。

かつての六十里越街道に沿って
最上川舟運で栄えた左沢へ

『時刻表』だけを見ているとピンとこないが、左沢線は、山形市から月山の麓、高規格の月山道路を経て庄内地方までを短絡する山形自動車道や国道112号と並行している。これら道路はほぼ古代からの六十里越街道にあたるが、修験道信仰の場である出羽三山への参詣者、スキー客など観光のアクセスを担ってきた。寒河江を出た左沢線が直に西の左沢へと向かわず、北の羽前高松へと大きく迂回するのは、この六十里越街道方面へのアクセスを確保するためだろう。実際、羽前高松からは月山山麓の西川町の中心部・間沢に向かって、山形交通三山線の電車が1974（昭和49）年まで走っていた。行基開基と伝えられる古刹・慈恩寺の最寄り駅でもある。

今度はぐるりと南へ向きを変える。柴橋は、近世の幕府領で代官所（陣屋）が置かれ、戊辰戦争において東北諸藩に対し新政府軍が戦端を開いた柴橋事件の起きたところ。陣屋のある集落からはだいぶ距離がある。

蛇行する最上川に再び沿う形で左沢の町場へ。暴れ川である最上川の河畔にあってたびたび近年でも洪水に襲われるが、白壁の造り酒屋や蔵、商家などは、山形県初の重要文化的景観に選定されている。「ヴォルガの舟歌」に匹敵するとされる民謡「最上川舟唄」発祥の地である。

路線DATA

開業年	1921（大正10）年
全通年	1922（大正11）年
起終点	北山形／左沢
営業距離	24.3km
駅数	11駅
電化/非電化	非電化
所属会社	JR東日本

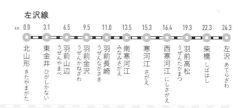

陸羽東線

最上川の支流になる一級河川、最上小国川沿いに走る陸羽東線。「奥の細道」のロゴマークが入ったキハ110系で運転される。
瀬見温泉〜東長沢間
写真／佐々倉 実

多くの温泉地をつなぐ"奥の細道"の観光路線

田植えを終えた大崎耕土の中を行くキハ110系。鳴子温泉の紅葉が有名だが、豊かな農地も陸羽東線の魅力だ。
写真／佐々倉 実

路線DATA

開業年	1913(大正2)年
全通年	1917(大正6)年
起終点	小牛田／新庄
営業距離	94.1km
駅数	27駅
電化/非電化	非電化
所属会社	JR東日本

本土横断線の一角をなし
東北本線の迂回ルートにも

「奥の細道湯けむりライン」の愛称を持つ陸羽東線。その名のとおり、江戸時代の俳人・松尾芭蕉が『おくのほそ道』で足

跡を残した、陸前国(宮城県)から羽前国(山形県)へと向かう街道(現・国道47号)に沿って敷かれている。

鉄道敷設法の「宮城県下石ノ巻ヨリ小牛田ヲ経テ山形県下舟形町ニ至ル鉄道」に基づき、小牛田～岩出山間が「陸羽線」として1913(大正2)年に開業。1915(大正4)年には鳴子(現・鳴子温泉)まで延伸した。新庄側からも工事が進められ、同年「新庄線」として瀬見(現・瀬見温泉)まで開業。翌16年には羽前向町(現・最上)まで延伸。奥羽山脈を越える「中山越」を

挟む鳴子〜羽前向町間が結ばれ、両線を合わせて陸羽東線として小牛田〜新庄間が全通したのは1917（大正6）年になる。

　非電化の地方交通線だが、東の石巻線、西の陸羽西線とともに本土横断線の一部をなしており、1980年代までは太平洋側と日本海側の各都市を連絡する機能を持っていた。東北地方によく見られた多層建て急行群として、急行「もがみ」（仙台発の東北本線・陸羽東線経由と、米沢発の奥羽本線経由の編成を新庄で併結し、陸羽西線を経て酒田まで運行）、「たざわ」（仙台から東北本線・陸羽東線経由の編成と、米沢からの編成を新庄で併結し、奥羽本線経由秋田まで運行。のち「千秋」に改称）などが運転されていた。

　また、高度経済成長期までは、当時競技スキー用のゲレンデ所在地としても知られた温泉地・鳴子へ向け、「鳴子銀嶺」や「鳴子いでゆ」など、シーズン週末は仙台などからの臨時列車があった。折り返しによる方向転換の必要がない線形を生かし、東北本線や奥羽本線の長期運休時の迂回路としても使われた。山形新幹

線改軌工事の際にも、寝台特急「あけぼの」の迂回ルートとなっている。

大崎・仙台近郊輸送の一端も担い
観光シーズンにはSL列車も運行

　陸羽東線は大崎都市圏や仙台近郊輸送の一端を担う。新幹線と接続する古川は、大崎平野とも呼ばれる仙台平野北部の中心・大崎市の代表駅。東北本線からは外れたものの、奥州（陸羽）街道の宿場町で、行政機関や裁判所が置かれ、企業も多く、小牛田〜古川間は比較的多数の列車が運行されている。

　沿線に多彩な温泉や史跡のある陸羽東線は、観光路線色を強く打ち出してきた。そのため2度にわたり集中的な駅名改称が行われた。1997（平成9）年には東鳴子を鳴子御殿湯に改称。川渡・鳴子・中山平のそれぞれに「温泉」の2文字が付けられた（また上岩出山が西大崎に、西岩出山が上野目に改称された）。1999（平成11）年には、公募による路線愛称決定とともに山形県側の羽前赤倉・瀬見の両駅が赤倉温泉・瀬見温泉と改称された。

　さらに2008（平成20）年の仙台・宮城

古川は東北新幹線との接続駅。陸羽東線と東北新幹線は十字に立体交差する。仙台の次駅なので、「はやぶさ」に乗り換えれば東京との所要時間は短い。

"温泉"と付く駅名の一つ、鳴子温泉駅。駅前には足湯が設けられている。営業は鳴子温泉郷観光協会のウェブサイトで確認。

デスティネーションキャンペーンを契機に、キハ48形を改造したジョイフルトレイン「リゾートみのり」の運行が開始された。利用者数は翌09年12月に4万人、2019（令和元）年7月には20万人と好評を博し、2020（令和2）年8月まで運転された。同年7月には後継として快速「湯けむり号」がキハ110系で運転され、2021（令和3）年4月には「東北のまつり」、翌22年には鉄道開業150周年をイメージしたラッピングが車体に施された。

また、路線の両端にある小牛田運輸区と新庄運転区それぞれに転車台が残っているのを利用し、蒸気機関車牽引のSL列車が1990（平成2）年から2011（平成23）年まで、何度か運転されている。

『おくのほそ道』にちなむ遺構や義経伝説に由来する温泉地も

陸羽東線の列車は小牛田を出ると、広がる田園の中を進む。晴れていれば栗駒山も望める。東北新幹線の高架が見えるとそこは古川で、300mほど西側にあるJR貨物の古川オフレールステーションは、新幹線開業以前の旧・陸前古川駅があった位置。仙台鉄道（廃止）との接続駅だった西古川は、特産の米を積み出す貨物輸送の中継点だった。江合（荒雄）川に沿って丘陵が迫ってくると岩出山。ここから赤倉温泉までの区間が、『おくのほそ道』にちなむ観光と歴史のルートになる。

岩出山は伊達政宗が仙台築城以前に本拠を置いた城下町。隣の有備館の駅名は、

陸羽東線

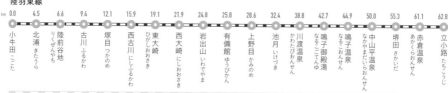

km	0.0	4.5	6.6	9.4	12.1	15.9	19.1	21.9	24.8	25.8	28.6	32.4	38.8	42.7	44.9	50.0	55.3	61.1	62.8
	小牛田 こごた	北浦 きたうら	陸前谷地 りくぜんやち	古川 ふるかわ	塚目 つかのめ	西古川 にしふるかわ	東大崎 ひがしおおさき	西大崎 にしおおさき	岩出山 いわでやま	有備館 ゆうびかん	上野目 かみのめ	池月 いけづき	川渡温泉 かわたびおんせん	鳴子御殿湯 なるこごてんゆ	鳴子温泉 なるこおんせん	中山平温泉 なかやまだいらおんせん	堺田 さかいだ	赤倉温泉 あかくらおんせん	立小路 たちこうじ

2008年10月から2020年8月に、仙台〜小牛田〜新庄間で運転された「リゾートみのり」。仙台から鳴子温泉など、沿線の観光地へ多くの旅客を輸送し、好評を博した。

伊達一門が設けた江戸時代の学問所、国指定史跡の有備館に由来する。奥羽山脈が迫ってくると池月で、川渡温泉にかけての山麓はかつて、軍馬の放牧地だった。山形県にかけての沿線も馬産地で、陸羽東線は馬の輸送を担う路線でもあった。

　川渡温泉、東鳴子温泉のある鳴子御殿

湯、鳴子温泉や中山平温泉の各駅周辺と、間欠泉で知られる鬼首にかけての一帯は、古くから「玉造八湯」と呼ばれ、泉質の種類も豊富だ。

　その中心となる鳴子温泉駅は、鳴子火山群の中腹にある傾斜の急な温泉街のさらに下、狭い区画に土盛りをして設置されている。駅に降り立つと、温泉街らしい硫化水素の臭いが鼻をつく。駅から歩ける温泉街に共同浴場「滝の湯」や「早稲田桟敷湯」がある。

　現在の駅舎は3代目。竹下登内閣が全国の自治体に1億円ずつ交付して話題と

65.6	69.5	71.5	75.0	81.0	82.8	89.2	94.1
最上 もがみ	大堀 おおほり	鵜杉 うすぎ	瀬見温泉 せみおんせん	東長沢 ひがしながさわ	長沢 ながさわ	南新庄 みなみしんじょう	新庄 しんじょう

なった「ふるさと創生事業」を利用した当時の鳴子町（現・大崎市）が、駅舎との複合施設として1991（平成3）年にオープン。鳴子温泉郷の観光協会や旅館組合が共同で運営する観光案内所「鳴子観光・旅館案内センター」を併設し、「ナルコ・インフォメーション・ステーション」（愛称「ナイス」）の名が付けられた。駅舎内には円形のミニシアターが設けられ、通常は待合所だが、ギャラリーやイベント会場としても利用される。2002（平成14）年には、国土交通省東北運輸局の「東北の駅百選」に選ばれた。

　2000年代に入ると、「ぽっぽの足湯」も設けられた。観光客や列車待ちの人々に利用され、「肌が潤う」と好評だという。観光案内所では足湯用に、地元のイメージキャラクター「なる子ちゃん」のハンドタオルも販売。山形県側を含む沿線7エリアの温泉の日帰り入浴が割引になる「湯めぐりチケット」も「ナイス」で販売されている。

絶景の峡谷を橋梁で渡り
月山を遠くに望む新庄へ

　鳴子温泉から次の中山平温泉までの間には、鉄道写真撮影の絶景ポイント（第一大谷川橋梁）としても知られる鳴子峡がある。トンネルを出て峡谷を渡る列車と錦のような紅葉との組み合わせが素晴らしい（左ページ写真）。

中山平温泉で降り、鳴子温泉まで鳴子峡を歩いて新緑や紅葉を愛でながら散策するルートが人気だ。

　堺田は駅前に日本海側と太平洋側の分水嶺がある。ほぼ平坦な場所の分水嶺は、全国でも珍しいという。松尾芭蕉が「蚤虱馬の尿する枕元」と詠んだ「封人の家（旧・有路家住宅）」が、駅から徒歩3分の所に残る。

　山形県側も温泉が多く、芭蕉が歩いた山刀伐峠へと向かう途中には、赤倉温泉（駅から約2.5km南側）がある。また、「新庄の奥座敷」と呼ばれる瀬見温泉は、平泉へ落ち延びる源義経の妻・北の方が出産し、弁慶が産湯を求めて薙刀で掘ったところ、温泉が湧いてきたと伝えられる。月山が遠く望め、奥羽本線に沿うと南新庄で、線路は複線のように新庄まで並行する。

鳴子温泉駅に併設された「ナイス」に設けられた円形のミニシアター。
写真／PIXTA

大谷川が刻んだ深さ100mの峡谷に架けられた第一大谷川橋梁を、陸羽東線は走る。トンネルを出ると、一面の紅葉が車窓に広がる。陸羽東線を象徴する景観だ。鳴子温泉〜中山平温泉間　写真／牧野和人

陸羽西線

陸羽西線の古口～清川間は、最上川に沿って進む。舟運に代わって鉄道が敷設されたのがよく分かる光景である。古口～高屋間

写真／牧野和人

山形県内陸部と庄内地方とを結ぶ横断路線

陸羽西線は、冬ともなると大雪に見舞われる路線でもある。除雪された路線を普通列車が行く。写真／佐々倉 実

出羽山地の峡谷を抜けて
最上川下流の余目へ

　最上川は、河口にある米の積出港・酒田へとつながる、江戸時代から明治半ばまで現在の山形県域における舟運による物流の大動脈であった。1903(明治36)年に、奥羽南線が新庄まで達すると、最上峡沿いに酒田へと至る「酒田線」として、1911(明治44)年に「新庄線(現・陸羽東線)」とともに工事が開始され、1914(大正3)年に全通を見た。その後、新庄線の全通に伴って陸羽西線(りくうさい)と改称。余目(あまるめ)〜酒田間は1917(大正7)年の羽越本線の開通により、当線へと繰り入れられた。

　列車は、新庄藩戸沢氏6万石の城下町・新庄を出ると、いまでも原生林の残る出羽山地を深く刻む最上峡へと、国道47号と絡み合いつつ分け入ってゆく。松尾芭蕉が『おくのほそ道』において「五月雨を あつめて早し 最上川」と詠んだのは、この沿線からやや離れた新庄郊外の本合海(もとあいかい)の舟着場から、清川へと下ったときであった。

　途中の古口は戸沢村の中心地。ここから高屋の先の草薙(くさなぎ)温泉までの舟下り観光の基地となっており、江戸時代には新庄

最上川と合流する立谷沢川を、長大なガーダー橋で渡る陸羽西線のキハ110系。この橋梁を渡ると、間もなく最上川から離れていく。高屋〜清川間

藩の舟番所が置かれていたところ。白糸の滝などの景勝に恵まれている。

　庄内平野が開けるところで、清川。「清川だし」と呼ばれる地峡独特の夏の季節風が知られる。「日本三大悪風」とも言われ、稲の穂を落とすなど農業を難儀させたが、これを逆手に取って1993（平成5）年、公営風力発電を全国に先駆けて開始、車窓から風車の林立する風景を望むことができた。現在は老朽化のため風車は撤収されている。

　庄内米を生み出す広々とした田園風景が広がり、鳥海山の裾野を引く眺めが開けた余目で羽越本線と合流、一部列車は酒田を目指す。

奥羽本線の改軌と道路整備で 都市間連絡の役割を終える

　山形県の内陸部と庄内地方とを結ぶ陸羽西線は、準幹線的な本土横断線であり、かつては上野からの酒田へ向かう気動車急行「出羽」や仙台からの急行「月山」が運転されていた。現在は山形新幹線開業とともに他線からの乗り入れ列車はなくなり、また月山道路（国道112号）や山形

自動車道などの道路整備が進んだこともあり、都市間連絡機能をほぼ失っている。山形新幹線乗り入れも取り沙汰されたが、話は立ち消えとなった。

　両端の最上地域の新庄盆地や庄内平野部を除く沿線地域は人口が希薄で、ローカル輸送として途中駅の利用客を確保することは容易ではない。

　高規格の国道47号 高屋道路の高屋トンネル（仮称）工事に際し、2024年までバス代行輸送に切り替えられており、当地では廃線への危機感が高まっている。

路線DATA

開業年	1913（大正2）年
全通年	1914（大正3）年
起終点	新庄／余目
営業距離	43.0km
駅数	10駅
電化/非電化	非電化
所属会社	JR東日本

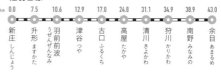

陸羽西線

km 0.0	7.5	10.6	12.9	17.0	24.8	31.1	34.9	38.9	43.0
新庄 しんじょう	升形 ますかた	羽前前波 うぜんぜんなみ	津谷 つや	古口 ふるくち	高屋 たかや	清川 きよかわ	狩川 かりかわ	南野 みなみの	余目 あまるめ

北上線

北上線は、特に秋の景色
が美しい。紅葉の山々を
背に、和賀川に架かる橋
梁を渡る北上線のキハ
100形。ほっとゆだ〜ゆだ
錦秋湖間　写真／牧野和人

非常時に重要な仙台〜秋田間の短絡ルート

北上線の列車は、キハ110系の中でも小型のキハ100形を使用する。競合交通機関の増加で、この車両で足りる乗客数になってしまった。　写真／PIXTA

ダム湖の完成で一部新線に切り替え
温泉駅「ほっとゆだ」が人気

　北上線は、1920（大正9）年に西横黒軽便線として、まず西側の横手〜相野々間が開通。翌21年には、相野々〜黒沢間が延伸され、東側の黒沢尻（現・北上）〜横川目・和賀仙人間も東横黒軽便線として開業した。1922（大正11）年には、それぞれ「西横黒線」「東横黒線」に線名を変更。西横黒線の黒沢〜陸中川尻（現・ほっとゆだ）間が延伸された。

　1924（大正13）年になると、10月に東横黒線の和賀仙人〜大荒沢（旧線区間、のち新線上の信号場となり廃止）間が開通。11月には大荒沢〜陸中川尻間の延伸により全通。黒沢尻〜横手間が横黒線となった。その後、大規模河川総合開発事業「北上特定地域総合開発計画」の一環として、並行する和賀川に湯田ダムが建設されたことにより、岩沢〜陸中川尻間の約15kmが1962（昭和37）年に新線に付け替えられている。大荒沢駅などを含む旧線の遺構は、ダム湖「錦秋湖」の底に沈んだ。横黒線は黒沢尻町が1954（昭和29）年に周辺6村を合併して北上市となったのち、1966（昭和41）年に北上線と改称され、現在に至っている。

　北上線は奥羽山脈を越える、いわゆる

駅舎に温泉を併設したほっとゆだ駅。向かって右に駅舎、中央に温泉の入り口がある。写真／PIXTA

"肋骨線"である。最急勾配が20‰、トンネルと橋梁を連ねた直線的な新線部分も含まれ、線形は山岳路線としては比較的良好だった。さらに、方向転換することなく仙台と秋田を結ぶ線形で、距離も最短だった。そのため、かつては準幹線的な機能を担い、1960年代から1982（昭和57）年の東北新幹線開通前にかけて、特急「あおば」や急行「きたかみ」などの優等列車が運行されていた。

また、秋田新幹線乗り入れに伴う田沢湖線改軌工事が行われた1996（平成8）年3月から翌97年3月にかけて、盛岡〜秋田間の特急「たざわ」の代行となる特急「秋田リレー」が北上〜秋田間に設定された。奥羽本線内の災害時には、寝台特急「あけぼの」などの夜行列車の迂回ルートともなり、定期コンテナ貨物列車も2010（平成22）年まで運転されていた（国際規格の

40ft海上コンテナ積載列車も入線可能）。

しかし、秋田新幹線が開業した現在では、東京・仙台方面と湯沢・横手地区との移動は、田沢湖線・大曲経由のほうが所要時間も短く、本数も多くなった。また、秋田自動車道の自家用車や高速バスとの競合にもさらされている。

現在の北上線は、キハ100形気動車によるワンマン運転の普通列車が運転されるのみで、存在感の低下が著しい。沿線は岩手県側の奥羽山脈東麓から秋田県側一帯が豪雪地帯で、冬季の豪雪時には運休を強いられることもある。

路線DATA

開業年	1920（大正9）年
全通年	1924（大正13）年
起終点	北上／横手
営業距離	61.1km
駅数	15駅
電化/非電化	非電化
所属会社	JR東日本

北上線

km 0.0 北上 きたかみ　2.1 柳原 やなぎはら　5.2 江釣子 えづりこ　8.4 藤根 ふじね　12.1 立川目 たてかわめ　14.3 横川目 よこかわめ　18.1 岩沢 いわさわ　20.3 和賀仙人 わかせんにん　28.8 ゆだ錦秋湖 ゆだきんしゅうこ　35.2 ほっとゆだ　39.1 ゆだ高原 ゆだこうげん　44.3 黒沢 くろさわ　49.6 小松川 こまつかわ　53.4 相野々 あいのの　61.1 横手 よこて

田沢湖線

田沢湖線を走る701系の普通列車。標準軌に改軌されているので、俯瞰すると車両に対して線路幅が広いのが分かる。
写真／PIXTA

敷設に難儀した路線を新幹線が行く

田沢湖線の普通列車は、標準軌に改軌された701系5000番代が使用される。角館～大曲間　写真／佐々倉 実

路線DATA

開業年	1921(大正10)年
全通年	1966(昭和41)年
起終点	盛岡／大曲
営業距離	75.6km
駅数	18駅
電化/非電化	電化・交流20000V
所属会社	JR東日本

軽便鉄道線として開業
全通と同時に田沢湖線と改称

　田沢湖線は、盛岡から山深い奥羽山脈を横断し、秋田県南東部の盆地に位置する大曲までを結ぶ。1921(大正10)年6月

に盛岡～雫石間が橋場軽便線として、同年7月に大曲～角館間が生保内軽便線として開業した。「軽便」とは、民間の力を用いて日本に鉄道網を構築するため作られた、一般的な鉄道よりも規格が低い「軽便鉄道」を指す。そのため、軽便鉄道には私鉄が多かったが、政府も「軽便線」という路線規格を用いて、1922(大正11)年に鉄道敷設法が改正されるまで建設を進めた。橋場・生保内両軽便線は、こうして建設された国有鉄道線のひとつである。

　その後、法改正に伴い、橋場軽便線と生

1966年にようやく開業した田沢湖線。当初は非電化で、記念列車はキハ58系で運転された。
写真／『日本国有鉄道百年写真史』より

秋田駅で顔を合わせる485系「いなほ」（左）と「たざわ」。
写真／PIXTA

保内軽便線は1922年に橋場線・生保内線と改称されている。橋場線は同年に雫石〜橋場（赤渕駅から北西へ約1kmの地点にあるが休止中）間、生保内線は1921（大正10）年に角館〜神代間、1923（大正12）年に神代〜生保内（現・田沢湖）間が開業した。

　両線をつないで全通させる計画は早く

からあったが、大恐慌（1929〜1933年）による緊縮財政と1937（昭和12）年に始まった日中戦争により中止され、さらに橋場線雫石〜橋場間が不要不急線として休止され、線路が撤去された。

　ようやく全通したのは戦後も20年以上経った1966（昭和41）年。日本鉄道建設公団工事線生橋線として工事が始まったが、このとき赤渕〜橋場間はルートから外れてしまった。全通と同時に盛岡〜大曲間は田沢湖線と改称され、1982（昭和57）年には電化のうえ、東北新幹線と接続して盛岡〜秋田間を結ぶ特急「たざわ」の運行が始まった。なお、全線が単線で、主要駅に列車の行き違いが可能な設備がある。

ミニ新幹線で大きく変わった
田沢湖線の使命

　東北地方のローカル線に過ぎなかった田沢湖線に転機が訪れたのは、新在直通

田沢湖線

km	0.0	3.4	6.0	10.5	16.0	18.7	22.0	40.1	44.4	52.8	55.3	58.8	61.6	64.6	67.9	70.2	72.0	75.6
	盛岡 もりおか	前潟 まえがた	大釜 おおがま	小岩井 こいわい	雫石 しずくいし	春木場 はるきば	赤渕 あかぶち	田沢湖 たざわこ	刺巻 さしまき	神代 じんだい	生田 しょうでん	角館 かくのだて	鶯野 うぐいすの	羽後長野 うごながの	鑓見内 やりみない	羽後四ツ屋 うごよつや	北大曲 きたおおまがり	大曲 おおまがり

秋田新幹線には、新開発されたE3系が新製投入された。当初は5両編成だったが、好評のため間もなく6両編成化された。鶯野～羽後長野間　写真／牧野和人

運転のミニ新幹線方式で東京～秋田間を直通しようという「秋田新幹線」の計画である。田沢湖線盛岡～大曲間と奥羽本線大曲～秋田間を1067mmの狭軌から1435mmの標準軌に改軌のうえ、東京へ直通させようというものだ。田沢湖線は1996（平成8）年3月から改軌工事のため全線運休し、その間は代行バスが運行された。

1年後の1997（平成9）年3月、1435mm軌間に改軌された田沢湖線では、新在直通運転の「こまち」の運行が始まった。当初、「こまち」に運用された車両はE3系で、2013（平成25）年にE6系が「スーパーこまち」の列車名で投入された。翌年、秋田新幹線用の全車両はE6系に、列車名も「こまち」へ統一された。

なお、JR東日本の営業上は、同じ路線だが「こまち」は秋田新幹線、普通列車は田沢湖線と案内されている。また、田沢湖線の普通列車は標準軌仕様の701系5000番代が運用され、軌間が異なるため他線との直通運行はできない。標準軌に改軌された"新幹線"だが、現在も全線が単線である。

県境は1日わずか4往復
盛岡駅の隣に新駅が開業

盛岡駅では「こまち」が高架の新幹線ホーム、普通列車が構内の西端に位置する8・9番線から発車する。大曲駅は田沢

田沢湖線の"秘境"区間を行くE6系「こまち」。静寂のなかを、赤いE6系が切り裂いていくようだ。赤渕〜田沢湖間
写真／佐々倉 実

湖線の配線が奥羽本線と合流する際に山形方面へ向かって延びているため、「こまち」はここで方向を転換する。

「こまち」は1時間に1本程度設定されているが、普通列車はそれに比べると少なく、盛岡〜雫石間が1〜2時間に1本程度、田沢湖〜大曲間が2〜3時間に1本程度となっている。秋田・岩手県境の赤渕〜田沢湖間は特に少なく、1日4往復しか設定されていない。この区間は約15kmも離れているが、その間には大地沢、志度内の2つの信号場が設けられている。

なお、2023（令和5）年3月18日に、盛岡〜大釜間に新駅の前潟が開業した。周辺に大型ショッピングセンターがあり、盛岡市の請願駅として開設された。

また、毎年夏に秋田県大仙市で開催される全国花火競技大会の日は、田沢湖〜大曲間に臨時普通列車が運行される。

田沢湖線沿線の観光地の一つ、角館の駅舎は武家屋敷をイメージした建物。1976年に建てられた駅舎だが、秋田新幹線の開業に合わせて大幅にリニューアルされた。

男鹿線

かつて昇降式の架道橋が
開閉した船越水道の長い
橋梁を、カラフルなEV-
E801系が渡る。天王〜
船越間　写真／目黒義浩

貨物主体から観光路線への転換を目指す

非電化の単線を、パンタグラフを畳んだ蓄電池電車が行く。背後に見える山が寒風山で、頂上には船川港や男鹿半島を一望できる展望台がある。脇本〜羽立間　写真／佐々倉 実

「なまはげ」をイメージした
蓄電池電車「ACCUM」運行

　男鹿線は秋田市と男鹿半島観光の拠点・男鹿市とを結ぶことから、2004（平成16）年に「男鹿なまはげライン」の愛称が付けられた。路線の発祥は1913（大正2）年に国有鉄道船川軽便線として開業した追分〜二田間10.4kmで、1916（大正5）年に船川（現・男鹿）までの全線が開業。1922（大正11）年に船川線と改称され、1937（昭和12）年には船川〜船川港間1.8kmの貨物支線も開業している。船川港は北西に寒風山や男鹿三山が連なり、冬場の季節風を防ぐことから北前船の風待

ち港や久保田藩（秋田藩）佐竹氏20万石の藩米積み出し港として栄えた。

　船川線は船川港と周辺の工場などへの貨物輸送を主体として運行されてきたが、1968（昭和43）年には観光振興を目的に船川線を男鹿線、船川駅を男鹿駅と改称。その甲斐もあってか、1973（昭和48）年には男鹿半島の海岸部など81.56km^{2}が男鹿国定公園に指定された。また1980（昭和55）年まで、季節夜行急行「おが」が男鹿線へ乗り入れていた。2002（平成14）年に男鹿〜船川港間の貨物支線と全線の貨物輸送が廃止され、現在に至っている。

　男鹿線の全列車は秋田〜追分間を奥羽

EV-E801系は、奥羽本線の追分〜秋田間では架線集電しながら走行・蓄電、男鹿線は蓄電池で走行、終点の男鹿駅では、充電用にわずかにある架線から蓄電する。男鹿
写真／目黒義浩

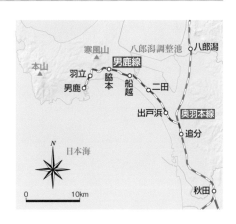

本線に乗り入れ、秋田を起終点としている。長いことキハ40系を主力に、1994(平成6)年まではディーゼル機関車牽引の50系客車列車も運行されていた。長く親しまれたクリーム色地に緑帯の「男鹿線色」キハ40系は2021(令和3)年に引退。以降は普通列車のみの全列車が、最新鋭の蓄電池電車EV－E801系「ＡＣＣＵＭ（アキュム）」によって運行されている。2両基本編成の赤色の1両は「ジジナマハゲ」の赤面、もう1両青色は「ババナマハゲ」の青面をイメージ、車体には「なまはげ」のイラストも描かれている。

架道橋の名残をとどめる
八郎川橋梁の鋼製橋桁

　追分で奥羽本線から分かれた男鹿線は最初の出戸浜で潟上市(旧・天王村)域に入り、八郎潟残存湖と日本海をつなぐ船越水道を八郎川橋梁(全長322.5m)で渡る。かつては昇降式の架道橋で、コンクリート製のガーダー(橋桁)の中央部1スパン25.4mのみ鋼製になっている箇所が1960年代、干拓工事用船舶の通行時に上昇した。脇本以西は男鹿市域になり、

線内唯一の男鹿トンネルを抜けた羽立は2004(平成16)年まで県立男鹿高校の最寄りだったが、海洋技術高校との統合で男鹿海洋高校として廃校・移設され、ホームから朝夕のにぎわいは失われた。

　終点の男鹿駅は2018(平成30)年に路線を0.2km短縮のうえ移設。隣接して市の複合観光施設「オガーレ」を中核とする「道の駅 おが」がオープン。旧駅舎は酒蔵「稲とアガベ醸造所」として再利用されている。

路線DATA

開業年	1913(大正2)年
全通年	1916(大正5)年
起終点	追分／男鹿
営業距離	26.4km
駅数	9駅
電化/非電化	非電化
所属会社	JR東日本

男鹿線

km	0.0	5.1	8.3	10.4	13.2	14.9	18.9	23.7	26.4
	追分 おいわけ	出戸浜 でとはま	上二田 かみふただ	二田 ふただ	天王 てんのう	船越 ふなこし	脇本 わきもと	羽立 はだち	男鹿 おが

五能線

どこを切り取っても絶景が
広がる五能線。普通列車
はすべてGV-E400系で運
転されている。轟木〜風
合瀬間　写真／佐々倉 実

秋田・青森の県境を越え日本海に沿って走る人気観光路線

東能代を出発した五能線の列車は、次第に海岸線へと近づいていく。人気の観光列車、「リゾートしらかみ」の青池編成が田園地帯を駆け抜けていく。東八森〜八森間　写真／佐々倉 実

路線DATA

開業年	1908（明治41）年
全通年	1936（昭和11）年
起終点	東能代／川部
営業距離	147.2km
駅数	43駅
電化/非電化	非電化
所属会社	JR東日本

100年を超える歴史を有する
大迂回の地方交通線

　五能線は奥羽本線の東能代と川部とを日本海に沿って結ぶ、全長147.2kmの路線。奥羽本線では東能代〜川部間は98kmなので、50km近い距離を迂回しつつ集落を結んでいる。

　本州北端部に近い路線だが、1902（明治35）年に青森〜秋田間が開通した奥羽北線（現・奥羽本線）のルートが、能代港町（現・能代市）中心部から離れてしまったため、当時の能代駅（のち機織、現・東能代）と町の中心部を結ぶ支線が計画された。能代港町は米代川の河口に開けた良港を有し、秋田杉などの木材や付近の鉱山から産出する銀や銅などの集積地として発展していた。17世紀に江戸幕藩体制が整うと、能代は佐竹氏支配の久保田藩の一部となり、藩庁所在地の秋田に次ぐ"木都"として重視され、秋田杉の保護育成など林業政策の中心でもあった。

　1908（明治41）年7月1日、奥羽線（奥羽北線と奥羽南線が全通して改名）の支線

として建設された、米代川を渡る能代(当時)〜能代町荷扱所(現・能代)間3.9kmが開業し、翌年10月12日に能代線の線名が与えられた。能代線の次の動きは、開業から約18年を経た1926(大正15)年4月26日に能代〜椿(現・八森)間18.8kmの延伸区間が開通する。

　一方の北部は、私鉄の陸奥鉄道が建設して1918(大正7)年9月25日に開業した川部〜五所川原間21.5kmを始まりとしている。陸奥鉄道の延伸区間は国鉄の五所川原線として建設され、1925(大正14)年までに五所川原〜鰺ケ沢間の21.9kmを延伸させる。さらに、1927(昭和2)年には陸奥鉄道を買収し、川部〜鰺ケ沢間も五所川原線となった。

　以後、南北の両端から延伸が進められ、9年の歳月を費やした1936(昭和11)年7月30日、最後まで残った陸奥岩崎〜深浦間16kmが開通して全通、両線の線名を合成した五能線へと改称された。

当初から輸送単位の小さな ローカル線として運営

　五能線は、米代川の水運と港湾の発達した能代での貨物扱いを除けば、沿線には後背地の小さな農漁村が点在するだけで、必然的に輸送単位も小さい。このことは当初から見通されたため、ほぼ全線が最大許容軸重14トン、最高速度が時速85kmの簡易線規格で建設された。

　1935(昭和10)年の鉄道省年報に「十年度末ニ於ケル省線気動車運転区間」の記載があり、それによると五所川原線の川部〜五所川原間が該当区間となっている。ここでいう気動車とは、鉄道省と日本車

輌(本店)が共同開発した国鉄初の制式気動車(ガソリンカー)となるキハ41000形で、単行運転が前提の車体長15.5mの小型車である。

　全通して4年後の1940(昭和15)年に設定されていた列車は、機織〜川部間の全線を走破する直通列車5本と、8本ほどの区間列車にとどまっていた。また、国鉄最後の混合列車は五能線で運転され、1984(昭和59)年2月1日の同線の貨物輸送廃止をもって運転を終了した。

　赤字線として廃止対象にもあげられた五能線に転機が訪れたのは、1997(平成9)年4月1日に運転を開始した「リゾートしらかみ」の登場である。当初はキハ40系改造の専用車両で運行され、2010(平成22)年12月からはハイブリッドディーゼル車両のHB-E300系も加わった。

　東能代からの前半部では海、後半部は岩木山(津軽富士、標高1,625m)の優美な姿や津軽平野の田園風景と、四季折々

千畳敷駅に停車する「リゾートしらかみ」（初代橅編成）。道路を挟んだ対岸には奇岩が広がる。写真／PIXTA

に移り変わる車窓の美しさが評判を呼び、全国から観光客が訪れる人気路線となっている。

　全線を直通する列車もあるが、多くは深浦を運行の拠点として東能代寄り、川部寄りで運行が分かれている。普通列車は2020（令和2）年12月から電気式気動車のGV-E400系で運転されている。

穀倉地帯から海岸線、リンゴ農園へと続く車窓

　能代市街地を離れると、左右に米代川の河口周辺に整備された穀倉地帯が連なる。春から秋へと季節とともに生育する稲の表情は、日を追うごとに変化し、"稲作日本"の豊かさを伝えてくれる。

　八森近くで日本海の海岸線に躍り出た下り列車は、ほどなく段丘を駆け上がり、海岸沿いに点在する集落越しに海を見下ろす。リアス式海岸ほどではないが、小さな入り江と岬が次々と車窓に展開し、白砂青松の浜、連なる岩場に砕ける白波、奇岩・怪石の浜など激しく移り変わり、乗客の目をくぎ付けにする。

　秋田・青森の県境となる岩館～大間越間を過ぎると、右手には白神岳（標高1235m）を中心に白神山地のブナの原生林が広がる。人の手がほとんど入っていない世界最大級のブナの自然林は、ユネスコの世界自然遺産に登録されている。

　路線の中心となる深浦を過ぎると、線路は日本海に突き出す行合崎を横断するが、その直前に奇巨岩が海面から立ち上がる絶景が車窓に飛び込んでくる。内陸側には国道101号が並走し、絶好の撮影ポイントとしても知られている。岬を横断すると左手は防波堤を挟んだだけで日本海が広がり、強風の日は消波ブロックに砕ける荒波の飛沫が車窓にふりかかることもしばしばだ。

　千畳敷では、「リゾートしらかみ」の一部が観光のための停車時間を設けている。ここは江戸時代後期の1792（寛政4）年に起きた地震で海底が隆起した海岸段丘で、駅前の道路を横断すると、岩を敷き詰めた大広間のような奇景が展開する。この千畳敷と陸奥赤石の間は一つの湾となっているため、穏やかな海景がゆったりと

五能線

km	0.0	3.9	6.1	9.3	11.2	14.1	18.0	22.7	24.5	26.1	29.1	39.9	42.3	44.7	46.6	50.9	53.6	56.0	57.9	61.4	66.9	70.8
	東能代 ひがしのしろ	能代 のしろ	向能代 むかいのしろ	北能代 きたのしろ	鳥形 とりがた	沢目 さわめ	東八森 ひがしはちもり	八森 はちもり	滝ノ間 たきのま	あきた白神 あきたしらかみ	岩館 いわだて	大間越 おおまごし	白神岳登山口 しらかみだけとざんぐち	松神 まつかみ	十二湖 じゅうにこ	陸奥岩崎 むついわさき	陸奥沢辺 むつさわべ	ウエスパ椿山 うえすぱつばきやま	艫作 へなし	横磯 よこいそ	深浦 ふかうら	広戸 ひろと

林崎の前後は線路沿いにリンゴ畑が多く、春には花が、初秋には赤い実が沿線を彩る。好天の日は遠くに岩木山も望める。長いこと五能線を支えたキハ40系の普通列車は、2021年3月ダイヤ改正で引退した。写真／PIXTA

流れる。間もなく鰺ケ沢に到着して日本海と別れを告げる。

鰺ケ沢の先で線路は東に向きを変え、津軽平野の中心部を横断する。車窓の左右にはのびのびとした田園地帯が広がり、やがて右手に緩やかな裾野を引く岩木山の姿が現れてくる。時間が許せば降りてみたいのが木造駅。1992（平成4）年8月に完成した駅舎には、自治体の「木造ふれ愛センター」が併設され、駅舎の前面

には駅最寄りの亀ヶ岡石器時代遺跡で出土した遮光器土偶をモチーフにした巨大なオブジェが設置されている。

五所川原で南に転じると津軽を代表する果実・リンゴの農園が左右を覆う。いずれもシーズンは限られているが、新緑の芽吹き、花の開花、夏から秋にかけての結実期には、絶妙な車窓のアクセントになってくれる。白一色の冬晴れの日の、岩木山の風景も美しい。

72.9	76.0	79.0	83.9	86.0	90.6	93.3	97.4	103.8	108.3	111.0	114.5	116.9	119.5	125.7	131.7	134.1	138.9	141.9	144.7	147.2
追良瀬 おいらせ	轟木 とどろき	風合瀬 かそせ	大戸瀬 おおどせ	千畳敷 せんじょうじき	北金ケ沢 きたかねがさわ	陸奥柳田 むつやなぎた	陸奥赤石 むつあかいし	鰺ケ沢 あじがさわ	鳴沢 なるさわ	越水 こしみず	陸奥森田 むつもりた	中田 なかた	木造 きづくり	五所川原 ごしょがわら	陸奥鶴田 むつつるだ	鶴泊 つるどまり	板柳 いたやなぎ	林崎 はやしざき	藤崎 ふじさき	川部 かわべ

津軽線

北海道新幹線の奥津軽い
まべつ駅に架かる跨線橋か
ら、津軽二股駅構内を俯
瞰した様子。「リゾートあ
すなろ竜飛」が発車した。
写真／佐々倉 実

蟹田〜三厩間が豪雨被害で長期運休続く

青函トンネルの開業に伴い、青森〜蟹田間は電化されて、普通列車は701系で運転されている。津軽宮田〜油川間
写真／牧野和人

廃線も視野に JR 側が地元へ
協議会で復旧費負担など要望

　津軽線は南側の青森〜蟹田間が701系電車、北側の蟹田〜三厩間がGV-E400系気動車と、運行系統が完全に分断されている。蟹田〜三厩間については2022（令和4）年8月の豪雨被害以降、運休・バス代行が長期化。JR東日本盛岡支社は翌23年3月、沿線自治体との協議会で「当面は復旧作業に着手せず、鉄道を維持する場合は工事費6億円のうち4億円、さらに『上下分離』のうえ運行費用の一部を地元が負担。それが不可能なら自動車交通（バス・乗合タクシー）に転換」との要望・方針を示している。

　津軽線はもともと青森市と津軽半島東部海岸に点在する町村を結ぶ地方交通線として、1958（昭和33）年に全通した。その後、1988（昭和63）年の青函トンネル開業に合わせて青森と中小国〜大平間にある新中小国信号場までの区間が「津軽海峡線」の一部に位置付けられて交流電化。特急「北斗星」「白鳥」や貨物列車などが頻繁に行き交うようになった。

　一方で新中小国信号場〜三厩間は非電化のまま（列車は蟹田で運行形態分離）、2016（平成28）年の北海道新幹線開業を経て、実質的には行き止まりのローカル

北海道新幹線開業前の青森～新中小国信号場間は、写真の789系「スーパー白鳥」をはじめ、北海道とを結ぶ特急が昼夜問わず多数運転されていた。写真／PIXTA

線として取り残されることとなった。

実証実験で奥津軽いまべつから龍飛埼灯台へ「わんタク定時便」

　青森～蟹田間は701系の基本3両編成で9往復(うち上り1本は休日運休)が運行され、青森市への通勤・通学客で朝夕はそれなりのにぎわいをみせている。蟹田～三厩間は不通以前に5往復(うち1往復は青森直通)がGV-E400系で運行されていたものの、2023(令和5)年3月以降は代行バス3往復のみ。なお、津軽線の津軽二股駅は北海道新幹線の奥津軽いまべつ駅と隣接しており、小国峠を越える津軽線と離れた海岸部を経由して三厩駅前へ結ぶ今別町巡回バスが発着している。JR東日本は実証実験として、関連会社などとともにオンデマンド型乗合タクシー「わんタク」を沿線で9～17時に随時運行し

ているほか、世界文化遺産「北海道・北東北の縄文遺跡群」の構成資産の一つ大平山元遺跡や今別駅前、三厩駅前などを経由して龍飛埼灯台へ直行する「わんタク定時便」を3往復運行。蟹田～三厩の各駅間で、当該のJR乗車券や「大人の休日パス」「青春18きっぷ」所持者に対する振替輸送を実施している。

路線DATA

開業年	1951(昭和26)年
全通年	1958(昭和33)年
起終点	青森／三厩
営業距離	55.8km
駅数	18駅
電化/非電化	電化・交流20000V／青森～中小国※ 非電化／中小国～三厩※
所属会社	JR東日本

※厳密には中小国～大平間の新中小国信号場から非電化

津軽線

km	0.0	6.0	9.7	11.5	13.1	14.7	16.8	19.1	21.1	23.4	27.0	31.4	35.0	46.6	48.6	51.0	52.7	55.8
	青森 あおもり	油川 あぶらかわ	津軽宮田 つがるみやた	奥内 おくない	左堰 ひだりせき	後潟 うしろがた	中沢 なかさわ	蓬田 よもぎた	郷沢 ごうさわ	瀬辺地 せへじ	蟹田 かにた	中小国 なかおぐに	大平 おおだい	津軽二股 つがるふたまた	大川平 おおかわだい	今別 いまべつ	津軽浜名 つがるはまな	三厩 みんまや

花輪線

山頂に雪を残した岩手山
の麓を行く花輪線のキハ
110系。大更〜東大更間
写真／牧野和人

かつては鉱山・観光輸送が盛ん、今は活性化を模索

山深い地を走る花輪線は、いくつもカーブを曲がりながら進んでいく。沿線は雪深い地で、安比高原はスキー場としても有名だ。
松尾八幡平〜安比高原間　写真／牧野和人

全列車が盛岡〜好摩間の
IGRいわて銀河鉄道に乗り入れ

　花輪線は、IGRいわて銀河鉄道(旧・東北本線)の好摩から、奥羽本線の大館までを結ぶ、全長106.9kmの非電化地方交通線である。荒屋新町以南で運行される列車は、全列車がIGRの盛岡〜好摩間に乗り入れている。「十和田八幡平四季彩ライン」の愛称が付いた沿線は、「焼走り溶岩流」を望む岩手山の麓から、八幡平の麓、さらに大規模なスキー場がある安比高原(旧・龍ケ森)、秋田県北西部の拠点都市・鹿角市の代表駅・鹿角花輪(旧・陸中花輪)などを経るルートで、火山や温泉、旧鉱山が多い。雄大な景観が広がる半面、地

路線DATA

開業年	1914(大正3)年
全通年	1931(昭和6)年
起終点	好摩／大館
営業距離	106.9km
駅数	27駅
電化/非電化	非電化
所属会社	JR東日本

花輪線

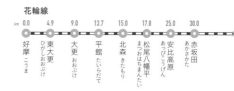

km	0.0	4.9	9.0	13.7	15.0	17.8	25.0	30.0
	好摩 こうま	東大更 ひがしおおぶけ	大更 おおぶけ	平舘 たいらだて	北森 きたもり	松尾八幡平 まつおはちまんたい	安比高原 あっぴこうげん	赤坂田 あかさかた

前後に蒸気機関車を連結したプッシュプルで竜ケ森越えに挑む8620形牽引の貨物列車。写真／PIXTA

形は険しく、安比高原前後にある33.3‰の急勾配"龍ケ森越え"を、かつては"ハチロク"の愛称で知られた8620形蒸気機関車が三重連で挑んだほどであった。

小坂鉱山への延長を企図した
十和田南の平面式スイッチバック

秋田県側の大館〜鹿角花輪間は、三菱財閥が経営した日本三大銅山の一つ、尾去沢鉱山の粗銅や関連物資の輸送を目的に、私鉄の秋田鉄道として1913（大正2）年に着工。この区間の開業は1923（大正12）年となった。

一方、岩手県側は1918（大正7）年、官設路線として帝国議会で建設費が承認された。1922（大正11）年の好摩〜平館間を皮切りに延伸が進み、"龍ケ森越え"などの難工事を経て、好摩〜陸中花輪（当時）間は1931（昭和6）年に開業した。経営が悪化していた秋田鉄道は1934（昭和9）年、国に買収され、好摩〜大館間が花輪線となった。

尾去沢のほかにも、花輪線は鉱山や鉱石輸送との縁が深い。たとえば十和田南（旧・毛馬内）駅の平面式スイッチバックは建設当初、北側の小坂鉱山（三戸方面説も）への延長を企図しての構造だった。また、岩手県側の八幡平の麓に「雲上の楽園」と呼ばれた鉱山街を構えた東洋一の硫黄鉱山・松尾鉱山があった。

大更から鉱山最寄りの東八幡平へ1972（昭和47）年の廃止まで、松尾鉱業鉄道が接続し、花輪線は硫黄鉱石の運搬も担っていた。しかし、それらの鉱山関連輸送

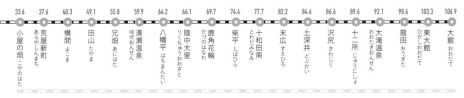

33.6	37.6	40.3	49.1	55.8	59.9	64.2	66.1	69.7	74.4	77.7	82.2	84.6	86.6	89.6	92.1	98.6	103.3	106.9
小屋の畑 こやのはた	荒屋新町 あらやしんまち	横間 よこま	田山 たやま	兄畑 あにはた	湯瀬温泉 ゆぜおんせん	八幡平 はちまんたい	陸中大里 りくちゅうおおさと	鹿角花輪 かづのはなわ	柴平 しばひら	十和田南 とわだみなみ	末広 すえひろ	土深井 どぶかい	沢尻 さわじり	十二所 じゅうにしょ	大滝温泉 おおたきおんせん	扇田 おうぎた	東大館 ひがしおおだて	大館 おおだて

は1970年代に終焉を迎えている。

炭鉱廃止に続いて高速道路が開通
沿線を生かした観光輸送を模索

　十和田南以南で花輪線と並行する東北自動車道が、1980年代以降に順次延伸されると、盛岡で東北新幹線に接続する輸送需要は高速バスへと移行した。1980年代には線内に急行「よねしろ」が運転されていたが、廃止。その系譜を継いだ快速「八幡平」(盛岡〜大館間)も2015(平成27)年に廃止され、速達性の低下した花輪線は現在、道路交通に対してさらに不利な状況にある。

　十和田湖や八幡平への観光アクセスルートとしての地位は低下したものの、沿線の鹿角市花輪地区では毎年8月、"日本三大囃子"の一つとされる「花輪ばやし」が催され、秋田〜鹿角花輪間に臨時列車が運行される。また、同市内の十和田南駅周辺では、"秋田三大盆踊り"の一つで、国重要無形民俗文化財の「毛馬内の盆踊り」も行われるなど、沿線には豊かな民俗資源が残されている。

　昭和の佇まいを残す山峡の温泉街に、公衆浴場が立つ湯瀬温泉や、高速バスの停留所よりも駅が近い大滝温泉など、沿線は温泉にも恵まれている。さらに、尾去沢鉱山跡が2007(平成19)年に近代化産業遺産に指定され、翌08年には既存のテーマパーク「マインランド尾去沢」が「史跡 尾去沢鉱山」とし

てリニューアルオープンしている。地元自治体などでは、これら沿線の観光資源を活用した活性化の方策が検討されている。

　なお、鹿角花輪〜大館間は2022(令和4)年8月の大雨で大被害を受け、バス代行輸送が行われていたが、2023(令和5)年5月14日に運転を再開した。

往年の急行を継承した快速「八幡平」。東北地方でいくつか見られた愛称付き快速列車のひとつだったが、2015年に廃止された。八幡平〜湯瀬温泉間　写真/牧野和人

第 5 章

山形・秋田新幹線

山形新幹線
福島～新庄 間

秋田新幹線
盛岡～秋田 間

Ⅲ

JR路線大全

山形新幹線

庭坂を過ぎると大きく北へ
カーブし、板谷峠に挑む。
麓には果樹園が広がる。
庭坂～赤岩間
写真／牧野和人

標準軌で新幹線に直通する初の"ミニ新幹線"

シルバーメタリックの車体色がまぶしい、運転開始当初の400系。JR発足から間もないこともあり、400系のデザインにも注目が集まった。庭坂～赤岩間　写真／佐々倉 実

路線DATA

開業年	1992（平成4）年
全通年	1999（平成11）年
起終点	福島／新庄
営業距離	148.6km
駅数	11駅
電化/非電化	電化・交流20000V
所属会社	JR東日本

国鉄末期に動き始めた
日本初のミニ新幹線計画

　山形新幹線は"新幹線"とはいうものの、東北新幹線や東海道新幹線などの「フル規格新幹線」とは異なり、新在直通特急と呼ばれる運転方式の"ミニ新幹線"で

ある。線路は軌間1435mmの標準軌だが、線路まわりの設備や車両は狭軌（軌間1067mm）の在来線規格がベースで、「ミニ新幹線」とも呼ばれるゆえんである。

　新在直通特急とは、新幹線と在来線を直通運転できる特急で、海外ではフランスのTGVが採用しているほか、ドイツのICEや韓国のKTXなどでも導入されている。日本では山形新幹線が初採用したものだが、JR東日本発足時の副社長を務めた山之内秀一郎氏によると、構想自体はフランスのTGVを参考に、国鉄時代に着想しているという。交通体系の整備を

東北新幹線区間では、当初は200系と、1999年からはE4系と併結した（写真）。ミニ新幹線とマンモス新幹線の併結はユーモラスですらあった。写真の400系は新塗色。

検討していた山形県がこの構想に同調し、運輸省（現・国土交通省）や国鉄に要望。国鉄のミニ新幹線検討プロジェクトチームは1986（昭和61）年10月、福島〜山形間を対象線区に選定した。国鉄分割民営化後の1987（昭和62）年7月、運輸省、学識経験者、JR東日本などによる「新幹線・在来線直通運転調査委員会」が組織され、福島〜山形間がミニ新幹線のモデル線区として正式に決定された。

　1988（昭和63）年、山形新幹線建設事業の推進母体となる山形ジェイアール直行特急保有株式会社が4月に設立され、8月には山形駅前で起工式が行われた。

　なお、山之内氏によると、新在直通特急の長所として建設費が節約できる（福島〜山形間でフル規格比約20分の1）、沿線途中駅での利便性、並行在来線の廃止問題を避けられるなどの利点がある。

東京に直通する便利さで好評
車両を増結し路線を延長

　1991（平成3）年になると奥羽本線を運休して改軌工事が始まり、翌92年7月1日には福島〜山形間が開業。東北新幹線

東京〜福島間は東北新幹線と併結運転をする形で、東京〜山形間の直通運転が開始された。初のミニ新幹線となる車両は400系で、東北新幹線では併結運転用に改造が施された200系を使用した「やまびこ」と併結運転が行われた。新幹線区間での最高速度は200系と同じ240km/h（当時）だが、在来線区間は踏切があるなど在来線規格になるため、130km/hに留まる。

　それでも山形新幹線は開業以来好評で、1995（平成7）年12月には400系6両編成に中間車1両を増結して、7両編成での運転となった。一方、山形県では1993（平

山形新幹線

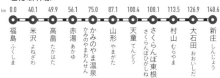

km	0.0	40.1	49.9	56.1	75.0	87.1	100.4	108.1	113.5	126.9	148.6
	福島 ふくしま	米沢 よねざわ	高畠 たかはた	赤湯 あかゆ	かみのやま温泉 かみのやまおんせん	山形 やまがた	天童 てんどう	さくらんぼ東根 さくらんぼひがしね	村山 むらやま	大石田 おおいしだ	新庄 しんじょう

米沢〜高畠間の単線区間を行くE3系2000番代。城下町の米沢は、現在も置賜地方の主要都市で、周辺には宅地も多い。米沢〜置賜間　写真／岸本 亨

成5）年7月に新庄までの延伸を翌年度における重要事業として推進することを決定。1997（平成9）年5月から延伸工事が着工され、1999（平成11）年12月4日に山形〜新庄間が延伸開業した。また、この際に増備車としてE3系1000番代が新製投入された。

　2014（平成26）年4月から現在の車体色の塗色変更車が投入された。また、同年7月19日からは、新幹線初の観光列車「とれいゆ つばさ」が福島〜新庄間で運行を開始し、2022（令和4）年3月まで運転された。

　現在は、福島駅の改良工事が行われている。同駅では、上下列車とも14番線に発着しているが、特に上り列車では併結する東北新幹線の列車が下り線を平面交差しなければならず、運転上の課題となっていた。そこで、上り列車用のアプローチ線を新設し、上り列車側のホームで併結できるようにする。

　また、2024年にはE8系が投入される予定である。これからしばらく山形新幹線は変革期になり、目が離せない。

季節と山々を堪能できる 山形新幹線の車窓風景

　山形新幹線は在来線（奥羽本線）の改軌と路線改良なので、板谷峠のスイッチバックはなくなったものの、スノーシェッドで覆われた駅に往時の名残が感じられ

桜が満開の山形城（霞城公園）の脇を行くE3系「つばさ」。右の線路は狭軌で、仙山線と左沢線が走行する。山形〜北山形間
写真／PIXTA

る。沿線で見ていると、高架ではない線路を新幹線電車が走り、踏切を横切ったり、719系5000番代の普通列車とすれ違ったりする光景は、初めて見る人には今なお衝撃的である。

　山形新幹線の車窓からは、板谷峠や蔵王などを楽しめる。福島を出た列車は大きくカーブを曲がって高架を下り、西寄りにルートを取り、庭坂の先から徐々に高度を上げ板谷峠越えに挑む。眼下には福島の街並みや果樹園が見える。この区間には赤岩（2021〈令和3〉年3月廃止）、板谷、峠、大沢の元スイッチバック駅があったが、E3系は勾配を感じさせずにスイスイと登っていく。ただ、突如現れるスノー

シェッドだけが、往年のスイッチバック駅を思い起こさせる。

　板谷峠を越えると、新幹線では最初の停車駅となる米沢に停車する。沿線の主要都市の一つで、駅の手前から宅地が現れ、高層の建物も見られる。米沢を出ると、米沢盆地東部を縦断して山形を目指す。線路の周辺には農地も多い。県庁所在地の山形を過ぎると、左手に山形城（霞城公園）の壕と石垣が見える。春ともなれば桜が彩る美しい公園である。将棋で有名な天童、駅名の通りサクランボ畑が並ぶさくらんぼ東根などに停車しつつ快走していき、陸羽東線の線路と並ぶと終点の新庄に到着する。

信号場とスイッチバックのあるミニ新幹線

収穫が終わった田んぼの脇を、E6系が駆け抜けていく。E6系のスピード感とのどかな風景のギャップも、秋田新幹線の魅力だ。
刺巻～神代間　写真／PIXTA

所要時間の短縮を目指し
秋田県が積極的に誘致

　秋田新幹線は、東北新幹線の盛岡から分岐し、在来線の田沢湖線・奥羽本線を走行して秋田を結ぶ新在直通方式のミニ新幹線である。盛岡～大曲間75.6kmは田沢湖線、大曲～秋田間51.7kmは奥羽本線の一部で、山形新幹線と同様に狭軌を標準軌に改軌した。

　1982（昭和57）年に東北新幹線が盛岡まで開業するのに伴い、接続する田沢湖線は電化されて電車特急「たざわ」が設定された。秋田へのルートは従来の上越線・羽越本線経由から東北新幹線・田沢湖線経由にシフトし、次第にさらなる高速化が要望されるようになった。1986（昭和61）年には秋田県の計画において、ミニ新幹線の整備が盛り込まれた。翌87年にミニ新幹線のモデル線区を決定する際は福島～山形間に先を越されたが、その後も建設に向けて動き、1997（平成9）年3月22日に盛岡～秋田間が開業した。

　E3系5両編成で運転を開始し、翌98年には6両編成に増結。2013（平成25）年3月から後継のE6系が「スーパーこまち」の愛称で登場し、東北新幹線区間では300km/h運転を実施した。翌14年3月ダイヤ改正でE6系に統一され、愛称を

秋田新幹線区間を駆け抜け、E5系と併結するため、連結器を出して盛岡駅に入線する上り「こまち」。ここから東北新幹線を走って東京を目指す。写真／PIXTA

「こまち」に統一。東北新幹線区間の最高速度は320km/hに引き上げられた。

　田沢湖線区間の盛岡〜大曲間は全線が単線で、駅間が長い雫石(在来線駅では赤渕)〜田沢湖間には2つの信号場が設けられている。

　奥羽本線区間の大曲〜秋田間は複線だが、基本的に片側は1435mmに改軌された秋田新幹線用、もう片側は1067mmの単線並列区間である。大曲は在来線時代から奥羽本線が直進する線形のため、田沢湖線から秋田へ向かう秋田新幹線はスイッチバック構造となり、進行方向が逆向きになる。

秘境の山岳地帯を越え
岩手県から秋田県へ

　秋田新幹線は、盛岡を出発するとしばらく高架を進み、地上ホームを発着する田沢湖線と高架で合流する。その後、地上に下り、路線は西へ進む。最初の停車駅の雫石を出発し、在来線駅の春木場を通過すると奥羽山脈越えとなり、岩手山や秋田駒ヶ岳をはじめ名峰の南側を縫うように分け入る。

　赤渕(在来線駅)から本格的な山岳地となり、沢沿いの急曲線を低速で進んでゆく。仙岩トンネルで分水界を越えて秋田県に入り、田沢湖に到着する。神代を越えて仙北平野に入り、みちのくの小京都と呼ばれる城下町・角館へ至る。

　大曲では進行方向が逆向きになり、奥羽本線区間へ。標準軌と狭軌の単線並列区間を走り、終点の秋田を目指す。

路線DATA

開業年	1997(平成9)年
全通年	1997(平成9)年
起終点	盛岡／秋田
営業距離	127.3km
駅数	6駅
電化/非電化	電化・交流20000V
所属会社	JR東日本

秋田新幹線

km 0.0	16.0	40.1	58.8	75.6	127.3
盛岡 もりおか	雫石 しずくいし	田沢湖 たざわこ	角館 かくのだて	大曲 おおまがり	秋田 あきた

山形・秋田新幹線の車両

E3系1000番代と同様の塗色に変更された後の400系。
丸みのある先頭形状に愛らしさがあった。写真／PIXTA

400系　山形新幹線
高性能な初代ミニ新幹線

　1992（平成4）年の山形新幹線の開業に際し、新在直通運転の専用車両として400系が開発された。新幹線電車を縮小するのではなく、新幹線と在来線それぞれで要求される性能の両立が求められた。そこで、台車の軸距を在来線電車の2100mmと新幹線電車の2500mmの間となる2250mmに設定し、高速走行の安定と、曲線や勾配への対応の両立が図られた。また、板谷峠を越えるため抑速ブレーキを装備し、歯車比を200系の2.17よりも高い2.70として登坂性能を高めた。一方で、1991（平成3）年9月19日には高速試験で348.8km/hをマークする高性能を有する。

　当初は6両編成で、200系と連結する11号車（先頭車）にグリーン車を設定。座席配置はグリーン車が2＋1列、普通車が2＋2列とされた。1995（平成7）年12月ダイヤ改正で7両に増結。2000（平成12）年には、E3系1000番代と同様のシルバーとグレーのツートンに緑色帯が入る塗色に変更された。

　2008（平成20）年から後継のE3系2000番代が投入され、2010（平成22）年4月に引退した。400系は山形ジェイアール直行特急保有株式会社が保有し、JR東日本に貸し付ける形が引退まで採られた。

E2系、E4系と同時期に開発されたE3系。E2系とは最高速度275km/hで併結運転された。白色とシルバーのツートンは、ピンク色帯の高さがE2系と揃えられた。写真／PIXTA

E3系　秋田・山形新幹線
VVVF制御のミニ新幹線第2世代

　1997（平成9）年の秋田新幹線開業に際し、開発された第2世代のミニ新幹線がE3系である。1995（平成7）年に量産先行車が落成。制御方式は400系のサイリスタ位相制御からVVVFインバータ制御（素子は初期車GTOサイリスタ、後期車IGBT）に変更。車体も鋼製からアルミ合金製となった。最高速度は並行して開発中のE2系との併結を前提に、275km/hに引き上げられた。軸距は2250mmである。5両編成で、グリーン車は11号車に設定されたが、定員を増やすため2＋2列配置になった。量産車では前灯・尾灯が変更された。「こまち」は好評で、1998（平成10）年12月に6両編成に増結された。

　1999（平成11）年12月に山形新幹線が新庄まで延伸され、「つばさ」の増備車としてE3系1000番代が登場。2008（平成20）年には、400系の後継としてE3系2000番代が投入された。

　秋田新幹線用は2014（平成26）年3月で引退。2002（平成14）年以降の増備車（R18〜26編成）のうち、R21・22編成はロゴを消して、E5系やE2系との併結運転用となった。R25・26編成は1000番代に改造されて「つばさ」用に転属した。また、R18編成は観光列車「とれいゆつばさ」に、R19編成は「現美新幹線（GENBI SHINKANSEN）」に改造されたが、1000番代改造車以外はいずれも廃車となっている。

E3系バリエーション

量産先行車のR1編成は前灯・尾灯の位置や形状が異なるほか、ノーズの先端もやや鋭い。写真／PIXTA

山形新幹線の1000番代は、0番代と同じ車体デザインで、シルバーとグレーのツートンに緑色の帯を巻く塗色を採用。

山形新幹線用2000番代。外観デザインのほか、内装の変更、アクティブサスペンションの採用など変更点は多岐にわたる。

山形新幹線は2014年4月から、山形県出身の工業デザイナー・奥山清行氏が担当した新塗色に変更された。写真は2000番代。

0番代R18編成を改造した700番代「とれいゆ」。山形新幹線内で「とれいゆ つばさ」として運転された。2022年3月に引退。

0番代R19編成を改造した700番代「現美新幹線」。主に上越新幹線の越後湯沢〜新潟間で運転された。2020年12月に引退。

E5系と同じ飛雲ホワイトを下部に、上部は秋田の竿燈やなまはげをイメージした茜色で塗装し、中間にアローシルバーの帯を配したカラーリングである。

E6系　秋田新幹線
最高速度を320km/hに引き上げ

　秋田新幹線に2012（平成24）年から翌13年にかけて投入された車両がE6系である。最大の特徴はE5系と併結運転をする東北新幹線宇都宮〜盛岡間で、日本最速の320km/h運転をすることである。

　高速試験車両・E955形“FASTECH360Z”の研究成果を反映し、台車の軸距を400系・E3系の2250mmから通常の新幹線車両と同じ2500mmに拡大。さらに台車の空気ばねによる車体傾斜装置とアクティブサスペンションを全車両に搭載し、カーブでの速度向上と乗り心地の改善が図られている。パンタグラフは2基搭載す

るが、E5系と同じく後方の1基のみ使用する。

　内外装のデザインは川崎重工業（現・川崎車両）が手掛け、工業デザイナーの奥山清行氏（KEN OKUYAMA DESIGN）が監修。先頭車のノーズが13mと長いため、編成両数を7両に増やして定員数を確保した。普通車のシートモケットの黄色は秋田の稲穂、グリーン車のカーペットは田沢湖の青色がイメージされている。

　2013（平成25）年3月に「スーパーこまち」としてデビュー。翌14年3月ダイヤ改正で全列車をE6系に置き換え、愛称は「こまち」に統一。最高速度は300km/hから320km/hに引き上げられた。

独特な先頭形状となったE8系。車体色は、山形県をイメージした
おしどりパープル、蔵王ビアンコ、紅花イエローの帯を踏襲する。
写真／「旅と鉄道」編集部　撮影協力／東日本旅客鉄道株式会社

E8系　山形新幹線
山形新幹線専用の第三世代

　秋田新幹線は一足早く次世代に移行したが、山形新幹線もいよいよ新形式のE8系が登場する。東北新幹線を盛岡まで行く秋田新幹線に比べ、福島で分岐し、全線で利用客が多い山形新幹線用なので、実用を高めた設計となった。

　E3系に引き続き7両編成で、先頭形状はE6系と同じアローライン形状ながら、先頭部の長さは営業最高速度の300km/h運転と客室の両立を図って、E3系の6mとE6系の13mの中間となる9mとされた。車体デザインは、E6系、E7系に引き続き奥山清行氏（KEN OKUYAMA DESIGN）が監修した。車体色はE3系の新塗色に準ずる。

　車内のデザインには「山形らしさ」が盛り込まれ、座席カラーは、グリーン車では針葉樹林が広がる月山の緑色と最上川の水面のゆらぎを表現。普通車はベニバナの日に照らされる黄色から染料としての紅色をグラデーションで表現する。通路中央部には最上川をモチーフとした柄が通る。12号車には車いすスペースや多目的室、大型トイレを設置する。

　E5系と併結され、最高速度はE3系の275km/hから300km/hに引き上げられる。デビュー予定は2024年春である。

第 6 章

車両ガイド

特急形電車
E653系／E751系

近郊形・通勤形電車
719系／EV-E801系

気動車
GV-E400系／HB-E300系／キハ58系／キハ45系

機関車
ED77形・ED78形・EF71形／C57形180号機
DE10形・DE11形・DE15形／DD200形

Ⅲ

E653系

5種類のカラフルな編成で常磐線に登場 耐寒耐雪性能を強化して新潟地区へ

ブルーオーシャン編成＋オレンジパーシモン編成の11両編成で走る「フレッシュひたち」時代のE653系。写真／PIXTA

14両の長大編成で走行した 特急「フレッシュひたち」

E653系は、1997年に常磐線の特急「フレッシュひたち」でデビュー。7両基本編成と4両付属編成が用意され、基本編成には4色、付属編成には1色の計5色のツートンカラーで塗装され、客用扉の脇には沿線の名所をモチーフにしたロゴマークが貼付された。7両基本編成＋4両付属編成の11両編成のほか、7両単独、7両編成を併結した14両編成の運転もあり、カラフルな組み合わせで沿線をにぎわせた。

E657系の投入で、2013年に「ひたち」系統の運用から外れ、基本編成8本は羽越本線系統の特急「いなほ」に転用。耐寒耐雪構造を強化し、1000番代に区分された。0番代はオール普通車だったが、1000番代ではクハE652形をクロE652形に改造し、グリーン車とした。また、付属編成4本は新潟〜上越妙高・新井間を結ぶ特急「しらゆき」用の1100番代に改造。2015年から充当されている。

4両付属編成を改造した「しらゆき」用1100番代。トキをイメージした朱色の帯がユニーク。写真／PIXTA

基本編成の耐寒耐雪構造を強化した「いなほ」用1000番代。日本海に沈む夕日と稲穂をイメージした塗色をまとう。写真／PIXTA

新潟から勝田に戻ってきたK70編成がまとう、国鉄特急色風の塗色。主に関東圏の臨時列車や団体列車で使用される。写真／PIXTA

「いなほ」用編成のうち、U106編成が2017年からまとう瑠璃色。海をイメージし、車体全体が青色となる。写真／PIXTA

「いなほ」用のU107編成は、沿線の海岸線に自生するハマナスをイメージしたハマナス色を車体全体にまとう。写真／PIXTA

E751 系

JR東日本唯一の交流特急形電車
東北本線から奥羽本線に移る

4両編成で運転されるE751系「つがる」。車体だけでなく、先頭部もE653系に似ている。写真／PIXTA

伝統の「はつかり」で登場
東北新幹線の延伸で奥羽本線へ

　JR東日本では、老朽化した485系の置き換えを進めるためE653系を開発したが、青森地区は電源が交流のみのため、交流専用車として機器を簡略化したのがE751系である。2000年3月から盛岡〜青森間の特急「スーパーはつかり」に投入され、半室グリーン車のクロハE750形を含む6両編成で運転された。

　2002年12月の東北新幹線八戸開業に伴い青森地区の特急が再編され「はつかり」が廃止。八戸〜青森〜弘前間に新設された特急「つがる」に転用された。その後、東北新幹線新青森開業に伴う2010年12月ダイヤ改正で「つがる」の運転区間が秋田〜青森間に短縮されるが、この際に485系に交代してE751系は全編成が離脱。4両編成への組み換えや方向転換が行われ、2011年4月に復帰した。現在も秋田と青森、2つの県都を結ぶ特急として4両編成で運転されている。

719系

交流専用ステンレス電車の先駆け
奥羽本線用の標準軌仕様も存在

2編成を併結した4両編成で東北本線を行く719系0番代。助士側の前面窓は、213系のように天地方向に少し大きい。
写真／PIXTA

奥羽本線(山形線)用の719系5000番代は、標準軌の台車を履く。パンタグラフは2002年からシングルアーム式に換装された。
写真／PIXTA

仙台地区と山形線に投入
座席配置は希少な集団見合い式

　719系は、1989年に登場した交流専用の近郊形電車である。クモハ719形＋クハ718形の2両編成で仙台地区に投入され、東北本線、常磐線、仙山線、磐越西線などで運行された。前面は211系に似ているが、側面は窓配置が異なり、客用扉にはステップが付く。台車は485系の廃車発生品が使用された。

　1992年に奥羽本線を改軌して山形新幹線が開業すると、標準軌化された福島〜山形間(山形線)の普通列車用に、標準軌台車を履いた5000番代が投入された。ホームが高いためステップは付かない。

　0・5000番代ともに、JRでは珍しく集団見合い式の座席配置を採用。0番代の一部は秋田地区に転属したが、0番代は2020年にすべて引退。1編成は観光列車「フルーティア」に改造されて700番代となり、磐越西線を中心に活躍しているが、2023年12月で運行を終える予定である。

EV-E801 系

男鹿線のキハ40系を置き換えた
交流専用の蓄電池駆動電車

男鹿地区の国の重要無形民俗文化財である「なまはげ」をイメージしてEV-
E801形は赤色、EV-E800形は青色をまとう。愛称はEV-E301系と同じく、
「accumulator」(蓄電池の意)に由来する「ACCUM」(アキュム)である。

交流用の蓄電池駆動電車は
JR九州のBEC819系がベース

　男鹿線ではキハ40系が使用されてきた
が、環境負荷が小さな車両に置き換える
のにあたり、路線長が26.4km(営業キロ)
と短いことから、蓄電池駆動電車のEV-
E801系が2017年3月に投入された。JR
東日本ではすでに直流用のEV-E301系を
烏山線に投入していたが、こちらは交流
用となるため、BEC819系で先行するJR
九州から技術協力を得た。

　男鹿寄りが制御電動車のEV-E801形、
秋田寄りが制御車のEV-E800形で2両編
成を組む。車体はBEC819系と同じ日立
製作所のA-trainで製作され、片側3ドア、
車内はオールロングシートである。秋田～
男鹿間で運転され、奥羽本線内の秋田～
追分間はパンタグラフを上げて架線集電
で走行。追分～男鹿間は蓄電池の電気で
走行する。男鹿駅には折り返し中に充電
ができるように、停車位置でパンタグラフ
が来る辺りにのみ架線が設けられた。

GV-E400 系 ディーゼル・エレクトリック方式で環境負荷を低減した気動車を実現

GV-E401形＋GV-E402形の2両編成を2本つなげた磐越西線。新潟地区はほかに羽越本線、信越本線、米坂線で運行する。

秋田地区は五能線、津軽線、奥羽本線で運行。さわやかな水色の帯を巻く。写真は両運転台のGV-E400形。写真／PIXTA

半世紀以上を越えて再登場した電気式気動車

GV-E400系は、ディーゼルエンジンで発電し、主電動機で走行する電気式気動車である。日本の鉄道において電気式は、1950年代の気動車黎明期に試用されたが、機器が大きく重量がかさむことから、液体式で開発が進められた。しかし、近年のエレクトロニクス技術の進化で、小型高効率なディーゼル・エレクトリック方式が可能になり、JR東日本では路線に応じてハイブリッド式（HB-）、電気式（GV-）、液体式（キハ）を使い分けている。

両運転台車のGV-E400形、片運転台車でトイレ付きのGV-E401形、同トイレなしのGV-E402形の3形式がある。2018年1月に量産先行車が新潟地区に登場し、2019年8月から営業運転を開始。2020年12月からは秋田地区にも投入された。両地区で内外装の色が異なるが、番代区分はされていない。なお、JR北海道のH100形は本形式をベースにしている。

HB-E300 系

ハイブリッド方式を採用して エコに各地を走れる観光列車

五能線の人気観光列車「リゾートしらかみ」に投入された青池編成。2番目の登場だが、製造番号はこちらが1になる。観光列車に新製車両を投入するのは珍しい。

観光列車用に5列車6編成が登場 北東北の2編成は再改造予定

JR東日本ではディーゼルエンジンで発電し、蓄電池と発電した電気で走行するハイブリッド方式のキハE200形を開発し、2007年から小海線に投入した。この動力方式を次に採用したのが観光列車用のHB-E300系である。車体はステンレス製で2両編成と4両編成があり、編成の両端は展望席になっている。

まず、2010年10月に「リゾートビューふるさと」が長野地区に登場。2両編成で、長野～南小谷間の観光列車として運行を開始した。

続いて同年12月の東北新幹線新青森開業に合わせて「リゾートしらかみ」の青池編成と「リゾートあすなろ」が登場した。前者は五能線で好評の同名列車で使用さ

北陸新幹線が走る長野から、篠ノ井線や大糸線を結ぶ観光列車「リゾートビューふるさと」。地域活性化に貢献する。写真／PIXTA

青森地区の「リゾートあすなろ」。本形式で唯一、同一仕様で2編成が製造されたが、それぞれ異なる列車に改造される予定。

「リゾートしらかみ」は3編成あり、2編成目として橅編成もHB-E300系に置き換えられた。青池編成とは仕様が異なる。

羽越本線の「海里」は4両編成。交直流切り換えもスルー運転ができる。他列車とは前面形状が異なる。写真／PIXTA

れるキハ40系の後継で、初めての4両編成となった。

　一方、後者は2両編成が2本製造され、主に大湊線、津軽線で運転された。この2編成は再改造を受けて、1編成は盛岡地区の「ひなび（陽旅）」として2023年度冬頃、もう1編成は宮城・福島・山形地区で「SATONO」として2024年春頃に再登場する予定である。

　2016年7月には「リゾートしらかみ」の橅編成も置き換えられた。青池編成と同様に4両編成で、セミコンパートメントが設けられている。

　2019年10月には羽越本線の観光列車「きらきらうえつ」の後継として、「海里」が投入された。羽越本線には直流と交流の切り替えがあるが、ハイブリッド車なのでそのまま通過できる。

キハ58系

1960〜70年代に大活躍した急行形 晩年はローカル輸送を担う

山陰本線の急行「丹波」。屋上に水タンクがあるのはキハ58形。キハ28形は床下に冷房用機関も搭載していた。写真／PIXTA

3系列にまたがる同一設計思想の 形式を総称して呼称

キハ58系は、1961年に登場した急行形気動車で、下記の形式の総称として「キハ58系」と呼ばれることが多い。

キハ56系：北海道向け酷寒地仕様
　キハ56形／キハ27形／キロ26形

キハ57系：信越本線アプト区間対策車
　キハ57形／キロ27形

キハ58系：標準型
　キハ58形／キハ28形／キロ28形／
　キロ58形

形式名の56・57・58形は走行用機関を2基、26・27・28形は同1基搭載する。車体色はクリーム4号地に、窓まわり・裾部・雨樋に赤11号の帯が入る。1960〜70年代には複数の行先の列車を併結し、途中駅で分割して枝線に直通する多層立て急行も運転された。

1970年代後半になると急行の格上げ・廃止により本来の用途が減り、ローカル線の普通列車に充当された。国鉄末期には地域カラーへの塗装変更や、お座敷列車などへの改造も多かった。2011年の高山本線をもって定期運用を終了。2020年に保留車が廃車となり廃形式となった。

キハ45系

キハ40系への布石が垣間見える
キハ20系とキハ35系の間を担う近郊形

高松駅で出発を待つ、片運転台・暖地仕様のキハ45形とキハ20形の2両編成。JR四国の引退は早く、1991年に全廃となった。写真／PIXTA

5形式に暖地・寒地・酷寒地を設定
機関は国鉄標準型のDMH17H

　国鉄では地方線区向けに2扉・セミクロスシートのキハ20系、都市線区向けに3扉・ロングシート通勤形のキハ35系を投入していたが、近郊線区向けに2扉・セミクロスシートながら乗降効率を高めた近郊形を投入することになり、1966年にキハ45系が投入された。

　気動車なので個々の形式ごとに扱われるが、同一設計思想の車両の総称として「キハ45系」と呼ばれ、下記の5形式が含まれる。

キハ23形：両運転台・機関1基・
　　　　　暖地・寒地
キハ24形：両運転台・機関1基・酷寒地
キハ45形：片運転台・機関1基・
　　　　　暖地・寒地
キハ46形：片運転台・機関1基・酷寒地
キハ53形：両運転台・機関2基・暖地

　外観はキハ40系に似ているが、車体側面の膨らみがない。また走行用機関はキハ20系と同じDMH17H系列である。

　JR東海を除く旅客5社に承継されたが、1990年代に入ると廃車が始まり、2003年に定期運用を終えた。

ED77形
ED78形
EF71形

新しい制御方式を採用した磐越西線向けのED77形と奥羽本線向けのED78形・EF71形

磐梯熱海を出発するED77形。中間台車があるため、ED75形よりも車体長がやや長い。写真／PIXTA

サイリスタ位相制御を採用し拡大する交流電化路線に投入

1963年に交流電気機関車の完成形といえるED75形が登場したが、その後も制御方式の開発が重ねられ、特定の地域向けの形式には実用化を果たしたサイリスタ位相制御を採用した機関車が登場した。

ED77形は、軸重制限のある亜幹線向けに中間台車を設け、主に磐越西線で使用された。1965年にED93形が試作され、1967年から量産。客車列車や貨物列車の牽引に従事し、1993年に引退した。

ED78形は交流電化された奥羽本線と仙山線向けで、回生ブレーキを搭載するため、F級機並みの大きな車体が特徴。1967年にED94形が試作され、1968年から量産。奥羽本線の標準軌化後も仙山線で使用されたが、同線の貨物列車が運転終了したことに伴い2000年に引退した。

EF71形は、ED78形と同じく奥羽本線の交流電化に際し、福島～米沢間の板谷

奥羽本線の板谷峠と軸重制限のある仙山線に向けたED78形。901号機はED94形の量産化改造車。写真／PIXTA

EF71形の重連で牽引される客車列車。気動車時代の特急「つばさ」の補機も務めた。写真／PIXTA

峠の補機として登場。同区間の標準軌化に伴い用途を失い、1991年に引退した。

C57 形 180号機

磐越西線の人気SL列車 「SLばんえつ物語」の牽引機

北国仕様の姿がりりしいC57形180号機。「SLばんえつ物語」専用の12系客車を牽引し、磐越西線を行く。写真／PIXTA

新潟地区で終始活躍した機関車
動態復元後は長距離を走り続ける

C57形は、C55形の改良型として1937年に登場し、1947年までに201両が製造された。急行形と区分されるC型機関車で、細長いボイラーと大きな動輪のプロポーションの良さで人気が高い。

180号機は1946年に三菱重工業三原製作所で製造され、主に新潟地区で活躍。1969年に廃車となった後は新津市(現・新潟市秋葉区)内の小学校で静態保存されていた。1990年代になると、各地で蒸気機関車の復活運転が行われ、本機を復活させる気運が高まった。1998年から動態復元工事が着手され、1999年4月29日に「SLばんえつ物語号」(現・「SLばんえつ物語」)として復活運転を果たした。

活躍の中心となる「SLばんえつ物語」は主に土休日に運転され、復活蒸機列車で最長の片道100kmを超える距離を往復している。また、JR東日本で唯一のC57形として人気も高く、信越本線や白新線・羽越本線、上越線、京葉線・内房線などでも走行実績がある。

DE10 形
DE11 形
DE15 形

オールマイティーなDE10形と入換用に特化したDE11形、ラッセル除雪車のDE15形

バラスト輸送に使用されるJR東日本のDE10形。事業用気動車の登場で、これらの置き換えも迫っている。写真／PIXTA

5軸の特殊な台車で
亜幹線も入換も可能に

　国鉄では無煙化（蒸気機関車から他の動力への置き換え）を進めるため、ディーゼル機関車の開発を進めたが、ローカル線や大規模な貨物駅の入換用は適切な機関車がなく、蒸気機関車の使用が続いていた。そこで、これらの置き換え用に開発されたのがDE10形である。

　1962年に大型ディーゼル機関車のDD51形が完成し、大型機関が実用化さ

れると、同系統の機関を1基搭載した中型機の開発が進められ、DD20形の試作などを経て、DE10形が登場した。最大の特徴であり、本形式のキモとなるのが5軸の動輪である。軸重を13トン以下に抑えることで線路規格の低い路線への入線を可能にし、一方で重量のある列車の入換作業を可能にする粘着力を発揮する。AAA-Bの軸配置が示すとおり、3軸台車は1軸ずつ独立した構造として、曲線区間での横圧を低減した。こうした工夫によ

熊谷貨物ターミナル駅で入換に従事するDE10
形1668号機。後年は車籍のない、構内専用の
"機械"となった車両も多い。

「ななつ星 in 九州」の回送などに使用される
DE10形。旅客会社では客車に合わせて塗色
変更された車両も多い。

DE11形2000番代は、遮音材や大型排気消音
器など、防音対策を徹底。車体長も長くなった。
写真は更新色。写真／PIXTA

DE15形は、機関車の前後に2軸のラッセルヘッ
ドを連結する構造。通常はDE10形と同様に使
用できる。写真／PIXTA

り、牽引性能の高さと汎用性から、1978
年までにディーゼル機関車で最多の708
両が製造された。

　登場時の0番代の機関出力は1250馬力
だったが、1969年に登場した1000番代
以降は1350馬力に強化されている。また、
SG（蒸気暖房発生装置）付きが基本だが、
入換や貨物牽引用にSG非搭載の500・
1500番代も登場した。国鉄分割民営化で
は唯一、JR7社すべてに継承された。

　DE11形は、DE10形をベースに入換
に特化した派生形式で、SGを搭載しない

一方でコンクリートブロックの死重を搭
載して軸重を増した重入換機関車である。
1250馬力の0番代と1350馬力の1000
番代があり、さらに騒音対策を徹底した
試作車1901号機と、その量産型の2000
番代が製造された。

　DE15形は、DE10形をベースにした
ラッセル除雪車で、通常はDE10形と同様
に使用可能。前後に2軸台車の独立した
ラッセルヘッドを連結すると、除雪車とし
て使用できる。ラッセルヘッドには単線用
と複線用がある。

DD200形

DE10・11形の後継を電気式で実用化
入換・本線兼用のディーゼル機関車

山陽本線で貨物列車を牽引するDD200形。万能な性能から、各地で急速に
投入が進んでいる。写真／PIXTA

DE10形の汎用性と入換性能に加え
環境性能と保守性を高めた後継機

　DE10形は汎用性が高く、後継機の開
発も難しかった。JR貨物では、入換用と
してハイブリッド式のHD300形を投入し
たが、入換と本線走行を兼用できる機関
車としてDD200形を開発した。外観は
DE10形と同様に前後非対称のセミセン
ターキャブスタイルだが、台車は通常の
2軸台車として保守性を高めた。軸重は
14.7トン（DE10形は13トン、DE11形は

14トン）として、ローカル線でも運用可能
とした。最高速度は110km/hである。

　駆動系は、本線用のDF200形と同様に
ディーゼルエンジンで発電し、主電動機で
走行するディーゼル・エレクトリック方式
とした。これにより、DE10形と比べ燃料
消費量、窒素酸化物（NOx）排出量、騒音
レベルを大幅に低減している。

　JR貨物では各地に増備を進めるほか、
JR九州、水島臨海鉄道、京葉臨海鉄道で
も同型式を導入している。

参 考 文 献

日本国有鉄道百年史〈各巻〉(日本国有鉄道編／日本国有鉄道)、日本国有鉄道百年写真史(日本国有鉄道)、日本鉄道史〈各巻〉(鉄道省編／鉄道省)、鉄道要覧(国土交通省鉄道局／電気車研究会・鉄道図書刊行会)、日本国有鉄道停車場一覧(日本国有鉄道旅客局編／JTB)、停車場変遷大事典 国鉄・JR編(JTB)、国鉄・JR列車名大事典(寺本光照／中央書院)、列車名変遷大事典(三宅俊彦／ネコ・パブリッシング)、日本鉄道史年表(国鉄・JR)(三宅俊彦／グランプリ出版)、日本鉄道名所〈各巻〉(宮脇俊三・原田勝正編／小学館)、全線全駅 鉄道の旅〈各巻〉(宮脇俊三・原田勝正編／小学館)、鉄道ファン 各号(交友社)、鉄道ジャーナル 各号(鉄道ジャーナル社)、鉄道ピクトリアル 各号(電気車研究会)、ジェイ・トレイン各号(イカロス出版)、新幹線EX各号(イカロス出版)、交通新聞 各号(交通新聞社)、週刊歴史でめぐる鉄道全路線〈各号〉(朝日新聞出版)、週刊JR全駅・全車両基地〈各号〉(朝日新聞出版)、日本鉄道旅行地図帳〈各号〉(新潮社)、JR全車輌ハンドブック〈各号〉(ネコ・パブリッシング)、JR電車編成表〈各号〉(交通新聞社)、JR気動車客車編成表〈各号〉(交通新聞社)、図説 国鉄全史(学習研究社)、図説 日本の鉄道〈各巻〉(川島令三編著／講談社)

STAFF

編　　　集 ／	林 要介(「旅と鉄道」編集部)
執　　　筆 ／	池 亨、高橋 徹、武田元秀、平賀尉哲、藤原 浩
校　　　閲 ／	木村嘉男、武田元秀
デ ザ イ ン ／	安部孝司
地　　　図 ／	ジェオ(小倉幸夫)
写 真 協 力 ／	佐々倉 実、牧野和人、目黒義浩、岸本 亨、高橋誠一、高橋 徹、PIXTA、Photo Library

※ 本書は2016〜17年に小学館から刊行された『鉄道ペディア』から「鉄道全路線」の項目を中心に再編・加筆し、新規原稿を加えたものです。
※ 本書の内容は2023年5月20日現在のものです。
※ 本書の内容等について、JRグループ各社および関連会社等へのお問い合わせはご遠慮ください。

JR路線大全 III

羽越・奥羽本線

2023年6月30日　初版第1刷発行

編　　　者	「旅と鉄道」編集部
発 行 人	勝峰富雄
発　　　行	株式会社天夢人　〒101-0051　東京都千代田区神田神保町1-105　https://www.temjin-g.co.jp/
発　　　売	株式会社山と溪谷社　〒101-0051　東京都千代田区神田神保町1-105
印 刷・製 本	大日本印刷株式会社
内容に関するお問合せ先	「旅と鉄道」編集部　info@temjin-g.co.jp　電話03-6837-4680
乱丁・落丁に関するお問合せ先	山と溪谷社カスタマーセンター　service@yamakei.co.jp
書店・取次様からのご注文先	山と溪谷社受注センター　電話048-458-3455　FAX048-421-0513
書店・取次様からのご注文以外のお問合せ先	eigyo@yamakei.co.jp

JR路線大全

全10巻 シリーズラインナップ
シリーズ完成。好評発売中

I 函館本線・北海道各線

【掲載路線】
函館本線・留萌本線・釧網本線・千歳線・石北本線・根室本線・札沼線・富良野線・室蘭本線・宗谷本線・日高本線・石勝線・北海道新幹線

【車両ガイド掲載形式】
781系・785系・789系・711系・721系・731系・733系・735系・キハ183系・キハ281系・キハ283系・キハ261系・キハ40系・キハ54形・キハ150形・キハ141系・キハ201系・H100形

VI 中央・関西・紀勢本線

【掲載路線】
中央本線・青梅線・五日市線・小海線・篠ノ井線・大糸線・太多線・関西本線・紀勢本線・参宮線・名松線

【車両ガイド掲載形式】
201系・E233系通勤タイプ・E127系・211系・キハ20系・キハ35系・キハ11形・キハ75形・キハE200形・E351系・E353系・383系・283系・キハ80系・キハ85系・EF64形・EH200形

II 東北本線

【掲載予定路線】
東北本線・日光線・烏山線・磐越東線・仙石線・仙石東北ライン・仙山線・石巻線・気仙沼線・大船渡線・釜石線・山田線・八戸線・大湊線・東北新幹線

【車両ガイド掲載予定形式】
E231系近郊タイプ・EV-E300系・701系・E721系・キハ110系・HB-E210系・EF65形・ED75形

VII 北陸・信越本線

【掲載予定路線】
北陸本線・七尾線・小浜線・湖西線・越美北線・城端線・氷見線・高山本線・信越本線・飯山線・越後線・弥彦線・上越線・両毛線・吾妻線・只見線・上越新幹線・北陸新幹線

【車両ガイド掲載予定形式】
115系・E129系・125系・521系・キハ25形・681系・683系・EF510形

III 羽越・奥羽本線

【掲載予定路線】
羽越本線・奥羽本線・津軽線・左沢線・男鹿線・五能線・花輪線・田沢湖線・北上線・陸羽東線・陸羽西線・米坂線・磐越西線・白新線・山形新幹線・秋田新幹線

【車両ガイド掲載予定形式】
719系・E751系・EV-E801系・キハ58系・E653系・HB-E300系・GV-E400系

VIII 近畿圏・山陰本線

【掲載路線】
大阪環状線・桜島線・片町線・福知山線・阪和線・関西空港線・和歌山線・桜井線・おおさか東線・JR東西線・山陰本線・舞鶴線・加古川線・播但線・伯備線・木次線・境線・美祢線・因美線・山口線

【車両ガイド掲載形式】
223系・323系・キハ120形・キハ126系・381系・281系・285系・287系・289系・キハ181系・キハ187系・キハ189系・DD51形

IV 山手線・首都圏各線

【掲載路線】
山手線・京浜東北線・埼京線・川越線・八高線・高崎線・武蔵野線・常磐線・水戸線・水郡線・総武本線・外房線・内房線・久留里線・京葉線・南武線・鶴見線・横浜線・根岸線・相模線・成田線・鹿島線・東金線

【車両ガイド掲載形式】
205系・209系・E231系通勤タイプ・E235系・E501系・E531系・キハE130系・253系・255系・E257系・E259系・651系・E657系

IX 山陽本線・四国各線

【掲載路線】
山陽本線・呉線・芸備線・赤穂線・津山線・吉備線・岩徳線・宇部線・小野田線・宇野線・姫新線・可部線・福塩線・本四備讃線・予讃線・土讃線・牟岐線・徳島線・高徳線・予土線・内子線・鳴門線・山陽新幹線

【車両ガイド掲載形式】
105系・213系0番代・227系・123形・キハ127系・5000系・6000系・7000系・7200系・キハ32形・1000形・1200形・1500形・8000系・8600系・8700系・キハ185系・2000系・2600系・2700系

V 東海道本線

【掲載路線】
東海道本線・横須賀線・伊東線・相鉄・JR直通線・御殿場線・身延線・飯田線・武豊線・草津線・奈良線・東海道新幹線

【車両ガイド掲載形式】
113系・117系・213系5000番代・215系・E217系・E233系近郊タイプ・311系・313系・221系・225系・103系・207系・321系・251系・185系・371系・373系・EF66形・EF210形

X 鹿児島・日豊・長崎本線

【掲載路線】
鹿児島本線・筑豊本線・香椎線・篠栗線・筑肥線・久大本線・豊肥本線・三角線・肥薩線・指宿枕崎線・日豊本線・日田彦山線・後藤寺線・宮崎空港線・吉都線・日南線・長崎本線・唐津線・佐世保線・大村線・九州新幹線・博多南線

【車両ガイド掲載形式】
415系・811系・813系・815系・817系・821系・BEC819系・303系・305系・713系・キハ125形・キハ66系・キハ200系・YC1系・783系・787系・883系・885系・キハ71系・キハ72系